LORIENT

ET

LES LORIENTAIS

LORIENT

ET

LES LORIENTAIS

LETTRES

D'UN PARISIEN A UN PARISIEN

RECUEILLIES PAR UN PROVINCIAL

LORIENT

Chez Eugène Grouhel, libraire-éditeur

31, RUE DES FONTAINES

1867

AU LECTEUR.

Trois ouvrages de mérite ont été publiés jusqu'à ce jour sur Lorient :

Le premier, intitulé *Chronique lorientaise, origine de la ville de Lorient, son histoire et son avenir*, par M. E. MANCEL, ancien préfet, traite spécialement de l'histoire;

Le second, portant le nom de : *Le Faouédic-Lisivy*, étude introductive à l'histoire de Lorient (1), travail tout archéologique, a pour but de faire connaître ce qu'il y eut jadis sur la presqu'île si improprement appelée *Loch-Roch-Yan ;*

Le troisième enfin, publié dans la *Revue maritime et coloniale*, sous le titre de : *Le Port*

(1) Le nom de l'auteur ne figure pas sur la brochure, mais tout le monde sait qu'elle est due à la plume trop modeste de M. E. JEGOU, greffier du tribunal civil de Lorient.

militaire de Lorient, par M. Jules Hébert, commissaire de marine, est une étude plus statistique encore qu'historique, mais recommandable des établissements maritimes de ce port.

Un compilateur qui aurait l'adresse de fondre ces trois ouvrages en un seul, en empruntant ses matériaux à chacun d'eux, produirait une œuvre complète, à laquelle il n'y aurait rien à ajouter.... qu'un chapitre spécial aux mœurs, coutumes et caractère des Lorientais.

C'est pour apporter sa pierre à l'édifice que l'auteur des *Lettres d'un Parisien* a publié ce volume.

Écrit en style léger, ce livre n'a la prétention de corriger personne, ni de modifier quoi que ce soit.

C'est un recueil de réflexions, dont on pourra peut-être critiquer la franchise, mais dont on ne saurait nier l'évidence ni attaquer l'à-propos.

Par le temps qui court, c'est bien quelque chose, et le Parisien anonyme n'a pas la prétention d'avoir fait davantage.

LORIENT

ET

LES LORIENTAIS.

I.

Octobre 1865.

Ainsi soit, mon cher ami ; le vent souffle avec furie, la pluie tombe avec acharnement ; il fait un temps affreux, d'autant plus affreux que le mois de septembre tout entier avait été superbe ; je ne suis attendu nulle part, je me décide à t'écrire la lettre que je t'ai promise en partant de Paris.

C'est à toi que je confie ces impressions de voyage ; garde-les précieusement.

Nous sommes d'étranges gens, nous autres Parisiens ! Il semble, parce que le ciel nous a fait naître dans la superbe Lutèce et que nous y passons la plus grande partie de notre existence, que rien ne vaut Paris, et que nous ne trouverons nulle part ce qu'il y a dans Paris.

Aussi, quand nous quittons notre toit pour aller faire un voyage, même de huit jours, en province, nous prenons des tournures de touristes titrés, et s'il s'agit simplement d'une excursion à Compiègne ou à Fontainebleau, nous affectons des airs qui font croire à nos amis que nous allons tenter l'ascension du Mont-Blanc, l'exploration du Vésuve ou la recherche des sources du Nil.

La province ! allons donc ! mais c'est la barbarie au milieu de laquelle nous allons tomber !

Nous avons presque l'envie de nous faire accompagner d'un drogman muni d'un vocabulaire de tous les idiomes de la France, et nous sentons des démangeaisons de courir chez Lefaucheux nous armer des fusils les plus perfectionnés, comme si nous devions rencontrer à chaque pas des tigres et des panthères.

N'as-tu pas, toi-même, poussé les hauts cris quand je t'ai annoncé que j'allais passer quelques jours en Bretagne !

« La Bretagne, t'es-tu écrié, la Bretagne ! le pays le plus arriéré de France, où l'on ne trouve que des paysans court-culottés et des femmes fumant la pipe avec des bonnets de coton sur la tête ! La Bretagne, où les menhirs et les dolmens sortent de terre comme les rosiers aux Champs-Elysées : la Bretagne, où l'on ne parle pas même français ! »

Oui, cher, je suis dans cette Bretagne si bien connue des Parisiens et de toi en particulier, et, le croiras-tu ? je ne puis m'imaginer que je me trouve au milieu des Kimris aux sacrifices humains !

O orgueil ! ô ignorance ! les deux plus grands fléaux de l'espèce humaine, quand pourra-t-on vous détruire l'un et l'autre !

Assez de réflexions philosophiques comme cela, et tirons une conclusion : les Parisiens de ton espèce et de la mienne ne connaissent pas du tout la France, et s'il est vrai que nous soyons les gens les plus spirituels du monde, nous en sommes aussi les plus ignares !

Donc, je suis en Bretagne, et ce que j'en ai vu déjà me détermine presque à y résider indéfiniment. J'ai d'ailleurs une excellente raison. Mon oncle, ce vieux capitaine de vaisseau en retraite que tu connais, est menacé d'une très-longue convalescence, et j'en profiterai pour prolonger mon séjour dans cette ville.

Combien de fois n'avons-nous pas ri, sur la foi des malins qui prétendaient connaître la province, des toilettes, de la tournure et de la conversation des dames de ce pays ? Quelles caricatures, disions-nous ! Combien il doit être amusant de voir défiler dans les rues ces modes impossibles, grotesques, portées par des dames timides et gauches, vieilles avant l'âge, et ignorantes comme les femmes de Sparte !

Erreur profonde, ami, tellement profonde que

je suis honteux à présent d'avoir pu la partager un seul instant, et je te déclare, la main sur le cœur, que j'ai été ébahi de la grâce, de la désinvolture, de la gentillesse des Lorientaises.

Quel goût dans leur toilette ! quelles connaissances du mélange des couleurs ! quelle étude de la mode ! quelle science des mouvements du corps !

Les dames de ce pays-ci, mon cher, sont toutes jeunes, et en les voyant passer, à dix mètres de distance seulement, il est tout-à-fait impossible de distinguer la jouvencelle de la maman, la jeune mère de l'aïeule.

J'ai été récemment, grâce à l'intermédiaire d'un ami de mon oncle, invité à la soirée de Mme X..., et je déclare que j'y ai vu la plus charmante collection de dames qu'on puisse imaginer. Un vrai bouquet de fleurs délicieuses sur lequel mes yeux émerveillés couraient sans savoir où s'arrêter. Oui, cher, toutes les perfections réunies.

Que je dise tout en une ligne : la fontaine de Jouvence doit se trouver dans les environs de la ville, car la vieillesse semble à jamais bannie de ses rives fortunées. A cinquante ans les femmes en ont vingt-cinq à peine, et les demoiselles qui dans tout autre pays songeraient à sainte Catherine et laisseraient voir quelques pattes d'oies, ont toutes quinze printemps à peine.

Ah ! les jeunes gens ne se marient plus, sous prétexte que les jolies filles deviennent rares; eh mon Dieu ! qu'ils viennent à Lorient, ils n'auront qu'à choisir.

Je dois dire cependant qu'une chose m'a étonné : deux fois je suis allé au spectacle, et c'est à peine si j'ai aperçu quelques dames ! Cela m'a paru vraiment extraordinaire.

Comment, me suis-je dit : avec tant de moyens d'être belles et de plaire, les Lorientaises ne se montrent pas au théâtre ! Le spectacle ailleurs est le grand champ clos où les beautés viennent se disputer la palme; comment se fait-il qu'à Lorient les choses se passent d'une façon toute opposée?

Mon vieil oncle, consulté par moi, m'en a donné l'explication.

— Le gaz ternit le teint, m'a-t-il dit, et étire les traits... aussi les dames s'abstiennent.

Moi qui croyais que c'était par pudeur, par modestie, par économie peut-être, qu'elles n'allaient pas au théâtre !

Puisque j'ai écrit le mot, que je te dise quelque chose de ce monument.

Vu de loin, cet édifice n'est pas beau ; vu de près, il est affreux ! Je ne sais depuis combien d'années la tête de loup et la brosse n'ont pas été promenées dans la salle, sur les bancs et dans les loges ; mais je déclare que si on se décidait à leur montrer tous les coins et recoins, elles feraient une riche recette de toiles d'araignées et de poussière. Aussi, je ne suis nullement surpris que les chauves-souris y aient fait élection de domicile. Les pauvres bêtes ! dérangées par les sons de l'orchestre, elles quittent leurs trous avec épouvante et viennent secouer leurs ailes autour du lustre qui les éblouit.

Quant aux décors, Dieu ! on les dirait arrivés de Carpentras !

Et cependant, au milieu de cette salle ternie,

enfumée; au milieu de ces décors qui datent d'un demi-siècle, j'ai vu des acteurs débiter, avec un entrain et un aplomb vraiment surprenants, des drames émouvants et des vaudevilles d'un très-bon aloi.

Encore un ridicule que nous possédons, nous autres Parisiens: nous nous imaginons que c'est à Paris seulement qu'il y a de bons acteurs. Nous nous figurons que tout individu qui joue sur d'autres planches que celles de Paris est un histrion ridicule.

Ridicules nous sommes nous-mêmes, cher ami. Sauf quelques exceptions, je prétends que les acteurs qu'admirent tous nos bons compatriotes, que ces acteurs qui font courir tout Paris (termes des réclames) seraient pour la plupart des comédiens très-ordinaires, pitoyables mêmes, si, comme leurs confrères de province, ils étaient forcés d'étudier et de jouer dix, vingt pièces dans un mois; de passer comme eux du sérieux au gai, et de se faire souvent, de la veille au lendemain, des masques et des tics destinés à faire pleurer ou rire leurs auditeurs.

Le beau mérite vraiment que possède un comédien de Paris! On fait une pièce exprès pour lui; on lui donne deux, trois mois pour l'étudier, et quand cette pièce est sue, il la joue et la rejoue cent, deux cents fois de suite!

Le beau talent qu'il faut pour cela, et qu'on doit lui reconnaître! il y a bien là de quoi mériter les coups d'encensoir qu'un tas de journalistes adulateurs lui envoient à tout propos!

Hier, j'ai dû accompagner à l'église une dame d'un âge respectable, vieille amie de mon oncle, qui vient souvent, vraie sœur de charité, passer avec lui les soirées que la souffrance lui fait paraître trop longues.

Tu te figures peut-être, cher, que cette vieille amie aura redouté un instant de paraître en public avec moi, jeune et surtout inconnu à la population lorientaise... Tu crois peut-être que, craignant de la part de ses connaissances des questions indiscrètes, cette dame aura hésité à prendre mon bras et à pénétrer ainsi dans cet édifice, endroit saint d'où les idées profanes sont bannies même par les coquettes et les mondaines!

Allons donc! à quoi on s'expose quand on ne connaît les choses que par ouï dire? Tu crois encore comme tant d'autres, ô pauvre habitant de la rue de Rivoli, que toutes les petites villes sont des fabriques de caquetages et de cancans; tu es persuadé qu'en raison de la rareté des nouvelles et des événements propres à alimenter la conversation, les langues vont bon train et s'attaquant aux petits travers jasent sans soucis sur le compte de ceux ou de celles qui donnent prise à la raillerie...

Je te plains, cher. Il est possible que la médisance règne dans certaines petites villes, mais à Lorient, oh! jamais cela ne s'est vu.

Dans ce charmant centre maritime, liberté complète, absolue! Allures excentriques, tenue extravagante, habitudes d'un autre monde, tout est permis, et personne ne songe à s'en étonner; de tout temps on a su se soustraire aux exigences du qu'en dira-t-on, et l'on pourrait graver en lettres d'or, sur le fronton des deux portes monumentales par lesquelles on entre dans la ville, ces deux mots avec lesquels on agiterait des masses :

La femme libre dans une cité libre!

Mais je m'aperçois que je suis un peu loin de l'église dans laquelle je voulais t'introduire.

Le croirais-tu ? cette église est unique dans Lorient.

— Une seule église, vas-tu dire, pour une ville qui compte *intra muros* une population de vingt mille âmes? — Oui, elle est seule, car on ne saurait donner ce nom à trois ou quatre chapelles pouvant contenir une centaine de fidèles tout au plus, et c'est dans cette unique église que viennent prier, se marier, naître presque, et peu s'en faut mourir, les 20,000 Lorientais logés dans le cercle de leurs remparts.

— Alors, vas-tu me dire encore, cette église doit être immense, colossale; le vaisseau doit être aussi spacieux au moins que celui de Notre-Dame, et dans tous les cas ce doit être un fort beau monument.

Halte-là! cher, je t'arrête au mot de monument. C'est un monument, en effet, mais il est si singulier que je cherche vainement à lui donner son véritable nom. Vu de face, du milieu de la rue du Morbihan, on jurerait que c'est un théâtre;

regardé du centre de la place Bisson, on dirait que c'est une halle ; considéré de tous autres points, on ne sait plus ce que c'est : si, c'est un phare. Comment en douter, lorsque, la nuit venue, on voit briller au sommet d'une tour carrée une clarté vive et constante qui ne disparaît qu'avec le jour?

Allons, bon, ce que c'est que d'être Parisien ! Ne voilà-t-il pas que je me mets à critiquer le seul monument de la ville, et à trouver mauvais ce qu'ici on trouve bon, à trouver laid ce qui aux autres paraît beau!...

O esprit parisien, tu ne nous quitteras donc jamais, pas même lorsque nous quittons Paris!

J'en reviens à ma vieille dame pour te dire qu'en sa compagnie j'ai assisté, à l'entrée même de l'église, à un spectacle vraiment curieux.

Tu t'es trouvé souvent, n'est-ce pas? au milieu de la foule, très-cher; tu n'habites pas Paris sans avoir été bien souvent surpris, entraîné au milieu de ces flots humains qui vous saisissent de leurs vagues tumultueuses, vous pressent, vous poussent, vous précipitent bon gré mal gré dans la direction souvent opposée à celle qu'on voudrait prendre. Alors, ce sont des efforts, des cris, des coups de coude désespérés; on cherche à s'ouvrir, au milieu de ces corps qui vous étouffent, vous écrasent, une issue quelconque, et quand vous en êtes sorti une fois, vous vous promettez de ne plus vous y faire pincer.

Que les goûts des hommes sont différents! Je suis sûr que tu partagerais désormais mon avis, au sujet des désagréments de la foule, si comme moi tu avais pu voir comment les Lorientaises se comportent en pareil cas.

Je t'ai bien dit que l'église jugée à l'extérieur n'est nullement pittoresque, mais ce que j'ai omis de te faire connaître, c'est qu'elle est, relativement à la population, d'une exiguité incontestable. C'est là la cause de ces agglomérations momentanées d'êtres humains auxquelles nous avons donné le nom de foules.

Or, ces foules se forment à la porte de l'église cinq ou six fois par dimanche, à l'heure des offices. Comprends-tu ce double flot allant en sens contraire, l'un poussant de l'intérieur de l'église à la rue, l'autre allant de la rue à l'intérieur de l'église ? Eh bien! voilà où les Parisiens devraient venir prendre des leçons de bonne humeur et d'urbanité. Tu crois que dans cette foule on entend une plainte, un cri ? Bagatelle! Ici on se bouscule avec douceur, on se déchire avec grâce, on s'écrase avec amabilité, et chacun conserve sa place au milieu des chaises renversées, entassées, brisées avec la gaîté dans le cœur et le sourire sur les lèvres.

Parlez-moi de ça! Vive la politesse et la jovialité.

Du reste, je constate qu'à Lorient on aime les bousculades, et les habitants sont enchantés de courir là où ils sont sûrs de ne plus pouvoir marcher. Le vendredi, par exemple, jour de retraite, avec quelle joie on se porte sur le cours de la Bôve, délicieuse promenade, ornée depuis quelques mois de bancs verts, pour entendre la musique de la ligne! Entendre!... c'est bon à dire; on y va pour voir du monde et faire partie soi-même de ce monde, qui à lui seul constitue un immense plaisir. La foule! mais rien n'est agréable, rien n'est intéressant comme la foule... On peut y ressentir tant d'émotions imprévues...

Il faut bien convenir cependant, moi tout le premier, que l'attrait de la musique est pour beaucoup dans ce concours de la population tout entière, puisque le même phénomène se produit, quoiqu'à un degré moins élevé, trois fois par semaine, sur la place d'Armes et sur la place Napoléon, vulgairement nommée *Plaine*.

Autour des musiques de la garnison se pressent, s'agitent des masses d'auditeurs fort capables d'apprécier le mérite des artistes appelés à les charmer.

Mon oncle me certifie que la population lorientaise est éminemment musicienne : on serait, il est vrai, bien embarrassé de trouver un seul orphéon; mais c'est égal, il est certain qu'on aime la musique avant tout, et ce goût est entretenu, paraît-il, par le Cercle des *gentlemen* de la ville.

C'est à ce Cercle, dont les portes sont ouvertes largement à tous les étrangers et à tous les nouveaux venus à Lorient, qu'on doit les concerts qui sont donnés en ville ou dans les salles du

Cercle, à différentes époques, mais pendant le Carême surtout.

Ce Cercle, auquel mon oncle m'a fait présenter par un de ses vieux amis, est bien le lieu le plus charmant de réunion que possède cette ville : le local est vaste et parfaitement tenu ; on m'a montré la salle de danse, salle de concert en même temps, dans laquelle les dames viennent développer leurs grâces et les musiciens déployer leurs talents. Quels sont ceux qui réussissent le mieux ?... Peut-être plus tard aurai-je l'occasion de te le dire.

On m'assure aussi que c'est dans ce Cercle que se réunissent les littérateurs, les poètes, les écrivains en un mot que possède la ville.

Encore un préjugé à combattre. Nous nous imaginons que c'est à Paris seulement que se trouvent les gens capables de tenir une plume... égoïstes que nous sommes, nous voudrions tout pour nous.

Ce qui paraît certain, c'est que dans l'hôtel occupé tout entier par le Cercle, existe une salle, à laquelle on ne parvient qu'après avoir échangé avec les portiers des signes cabalistiques.

Cette salle elle-même, dans laquelle les initiés, dit-on, se livrent à des pratiques renouvelées des Egyptiens, porte un nom digne des temps antiques... c'est le *bouge.*

C'est dans ce bouge qu'à des jours désignés longtemps d'avance, et à des heures mystérieuses, se réunissent les amis des arts, de la littérature.

Autour d'une table où chacun des prêtres de ce vénérable sanctuaire a déposé sa griffe, se placent tous les maîtres de la littérature : c'est là que s'élaborent les entrefilets des chroniques locales, les épigrammes, les madrigaux et les chansons grivoises. Il y a, dit-on, un vieux registre plein des élucubrations des anciens, vénérable Talmud qu'on ne consulte qu'en tremblant, car dès qu'on l'ouvre, une clochette diabolique se met à tinter et un cadenas moyen-âge chargé de le garder se met à grincer et à s'agiter comme faisaient jadis les balais de sorcières.

Tu penses bien, mon cher, que je ne crois pas un mot de tout cela... Mais nous sommes en pleine Bretagne après tout, et il n'est pas étonnant que le bon public s'imagine un peu que le bouge du Cercle a quelques rapports avec le diable...

Mais je m'aperçois, mon cher, que mon papier se noircit et que ma bougie va s'éteindre... Le temps continue à être affreux, la pluie recommence de plus belle; ce que j'ai de mieux à faire, c'est de me coucher et de dormir, et je me résigne à m'étendre dans mon lit, en espérant que tu viendras me voir en songe.

Adieu, dans quelques jours je te donnerai encore signe de vie.

II.

Novembre 1865.

Tu as raison de te plaindre de mon silence, cher ami. Je t'avais promis une lettre prochaine, et depuis un mois je n'ai pas confié à la poste la plus légère missive.

Tu me presses de continuer la publication de mes impressions de voyage, et me voilà arrêté dès le début, semblable en cela à ces bons bourgeois de chez nous, qui, pendant huit jours, annoncent à leurs connaissances qu'ils iront le dimanche suivant passer une journée entière au milieu des bois et qui, au moment de partir, s'arrêtent sur le seuil de leur porte, parce qu'il vient de tomber quelques gouttes d'eau.

Ce n'est pas la pluie qui a mis obstacle à mes projets, cher ami, c'est un accident. Dernièrement, j'étais sorti du logis de mon oncle, bien décidé à parcourir Lorient d'un bout à l'autre et dans tous les sens, pour te tracer une notice exacte et prise sur le fait de ses rues, de ses maisons, de ses monuments, et j'écrivais déjà en imagination des pages étincelantes au sujet de la largeur de ses principales artères, de la beauté de ses magasins, de la bonne tenue de ses trottoirs et de l'excellence de son pavé, lorsque, patatras, me voilà soudain à terre, en poussant un cri aigu. Je venais, ni plus ni moins, mon cher, de me donner une entorse au pied droit, et des passants obligeants me relevaient à grand'peine pour me transporter à mon domicile. Cela se passait dans la rue des Colonies, une des plus fréquentées de la ville.

Ah !... je serai plus prudent désormais, et on ne me surprendra plus marchant comme un provincial, la tête en l'air.

Donc, me voilà, par ordre de la Faculté, retenu dans un fauteuil qui, tout moelleux qu'il est, finira par devenir aussi dur que les banquettes du théâtre de Lorient, et faisant un vis-à-vis, qui ne rappelle en rien celui du quadrille des *Lanciers*, avec mon cher et digne oncle, dont la santé continue à ne pas être des meilleures.

Ce qui me fait prendre patience, c'est que les visites sont fréquentes chez mon oncle. De vieux amis, de respectables compagnons d'armes viennent souvent causer avec lui, et moi, qui n'ai jamais vu de combats ou d'expéditions lointaines, j'écoute avec délices ces histoires, embellies par le souvenir peut-être, racontées par les héros, qui se font nécessairement la part belle.

La chronique du jour tient aussi largement sa place, et pour peu que mon entorse résiste à l'eau blanche et aux compresses d'eau fraîche, je saurai sur certaines maisons des détails qui me les feront connaître aussi bien que si j'étais indigène.

Pendant tout le mois, la conversation a été alimentée par l'histoire du *Pardon de la Victoire*.

Tu sais à peu près déjà ce que signifie en Bretagne le mot de pardon; je ne chercherai donc pas à te l'apprendre, mais tu ignores assurément ce que c'est que le pardon de la Victoire.

Je vais te l'expliquer en deux mots.

Au commencement du mois d'octobre 1746, une escadre anglaise, commandée par l'amiral Lestoq, vint mettre à terre, à peu de distance de l'embouchure de la rivière de Quimperlé, quatre ou cinq mille hommes conduits par le général *de Sainte-Claire*, ou mieux Synclair, qui s'était fourré dans la tête d'enlever Lorient, qu'il savait n'être fortifié qu'à moitié.

Mais Synclair avait compté sans la bravoure et le patriotisme bretons, car les paysans, soulevés par une douzaine de gentilshommes, arrivèrent en toute hâte à Lorient, et se prêtèrent si bien aux vues de M. de Saint-Pierre, homme de cœur et de talent auquel les habitants effrayés avaient confié le soin de leur défense, que les Anglais, huit jours à peine après leur descente en Bretagne, furent obligés de s'enfuir plus vite encore qu'ils n'étaient arrivés.

C'est en l'honneur de cette fuite, qui paraîtrait invraisemblable si elle n'était pas vraie, que les

Lorientais célèbrent chaque année une fête qu'on appelle le pardon de la Victoire.

Tu dois bien penser qu'un pays comme celui-ci, où tout prend un caractère légendaire, n'a pas laissé passer cet événement sans ajouter au récit véritable des circonstances curieuses et romanesques qui ne sont pas les moins agréables à connaître. L'Eglise a, par les cérémonies religieuses qu'elle a instituées à cet effet, ajouté encore au merveilleux de la défense des habitants, et il n'est pas douteux que si cette affaire s'était passée en plein moyen-âge, elle n'eût pu fournir matière à plus d'un roman héroïque.

Ce qu'il y a de certain, c'est que pendant que la population fête ce souvenir comme un acte de patriotisme, le clergé adresse des prières à *Notre-Dame-des-Victoires*, et fait dans la ville une procession qui attire un immense concours de gens plus religieux encore que curieux. Une statue de dimension colossale de la Vierge dominant les fortifications et les armes de la ville et foulant aux pieds le léopard anglais, est portée dans toute la ville par une trentaine de marins de l'Etat qui se disputent cet honneur, et la foule recueillie remercie à genoux celle en qui elle met sa confiance et à laquelle elle pense devoir le succès remporté sur les ennemis de la France.

Eh bien ! mon cher, c'est de cette histoire qu'un auteur local a fait un drame en plusieurs actes; mais cette œuvre, dont on aurait dû tout au moins louer la bonne intention, a été attaquée par un journaliste de la localité dans des termes si inconvenants et si peu mesurés, que je me suis mis immédiatement dans l'idée de prendre quelques notes biographiques sur le compte de ce personnage.

Il paraît qu'on rencontre, même à Lorient, des gens jaloux de ce que peuvent faire les autres, et qui, ne pouvant sortir de la médiocrité dans laquelle ils végètent, voudraient y plonger tout le monde. Voilà justement le cas dans lequel se trouve le susdit journaliste.

Sorti on ne sait d'où, ayant vécu jusque là on ne sait comment, ce journaliste est arrivé un beau jour à Lorient et y a fondé une feuille qui n'a d'autre mérite que la dimension de son format et qu'il appelle pompeusement, en toute occasion, *sa grande feuille.*

Il s'appelle non moins pompeusement *rédacteur en chef*, et pour prouver qu'il a sous ses ordres de nombreux rédacteurs, il signe plusieurs fois lui-même les différents articles de sa feuille tantôt de son vrai nom, tantôt de son nom renversé, une autre fois de son nom tourné en logogriphe, aujourd'hui du nom d'une terre, demain du nom d'une province, et c'est ainsi qu'il jette de la poudre aux yeux de ces bons Bretons qui, loyaux et francs, ne peuvent supposer qu'un homme puisse ainsi faire concurrence au caoutchouc.

Rien de risible comme le prospectus qu'il fait distribuer de temps à autre dans tous les bourgs du département, mais qu'il se garde bien de montrer à Lorient, et pour cause; ici on sait ce qu'en vaut l'aune, mais dans les environs on l'ignore.

« Le journal, dit-il, le plus GRAND (du double),
» le plus COMPLET, le plus INTÉRESSANT de tous les
» journaux de notre pays, renferme SIX journaux
» dans un. »

Ab uno disce omnes.

6° JOURNAL AMUSANT.

» *Chroniques*, — *bons mots*, — *charades*, — » *énigmes*, — *logogriphes*, — et sous le titre » *Faits divers*, le relevé complet de tout ce qui » est arrivé de curieux sur tous les points de la » France et de l'étranger, — aussi complet, bien » plus intéressant, et BEAUCOUP MOINS BÊTE que » les petits journaux de Paris. »

. . . .

Tirons l'échelle, très-cher, sur de pareilles réclames, et désirons pour l'honneur de la presse française qu'il ne naisse plus de pareils journalistes.

Pour en revenir au *Pardon de la Victoire*, le succès de la pièce n'a pas été douteux, et ce qui prouverait qu'il est certain, c'est que ce drame sera donné plusieurs fois encore, malgré les flots d'encre dont le journaliste en question a cherché à le noircir.

Je termine cette lettre, mon cher ami, en t'annonçant que profitant du court intervalle jeté entre le Jubilé et l'Avent, plusieurs personnes ont ouvert ou vont ouvrir leurs salons. Tu sais que je suis friand de ces réunions où l'on fait de la musique, où l'on danse, où l'on cause surtout, et sous ce rapport Lorient n'a rien à envier à aucune autre ville de province.

Le Cercle, dont je t'ai parlé dans ma dernière lettre, va donner le signal et allumer ses girandoles : un concert est annoncé pour samedi prochain, et si l'on daigne me faire parvenir une invitation, je ne manquerai pas de donner ma part de bravos aux artistes que j'y entendrai... s'ils le méritent, bien entendu.

Adieu; et si jamais tu viens à Lorient, demande si l'on a repavé la rue des Colonies... Moi, je te promets de n'y plus passer jusqu'à nouvel ordre.

Vale.

III.

Décembre 1865.

Me voilà sur pied, cher, et sauf une enflure qui ne disparaîtra entièrement qu'avec le temps, il ne me reste de ma chute qu'un souvenir mêlé de regrets.

Ce malheureux accident m'a fait paraître les heures bien tristes, mais je ne suis pas au bout de mes peines. A peine debout, me voilà obligé de devenir garde-malade : mon oncle va de mal en pis et je n'ose espérer de le voir se rétablir.

Ne me demande donc plus de lettres longues et suivies ; je ne saurais rien te promettre. Il m'est possible tout au plus de te transcrire quelques extraits de ce journal que je tiens jour par jour depuis si longtemps, et dans lequel je consigne, sans ordre et sans but déterminé, mes réflexions et mes remarques. Quelques-unes peuvent être bonnes ; beaucoup doivent être mauvaises, mais jusqu'à présent personne n'a rien à en dire. N'espère pas non plus que je mette un ordre quelconque dans les extraits dont je t'enverrai le double. Je choisirai seulement ceux qui pourront avoir quelque attrait pour toi ; ne m'en demande pas davantage.

*** A l'ouest, la ville de Lorient est bornée par un canal encaissé en partie entre deux quais spacieux. L'un de ces quais, longé par une suite de maisons d'assez belle apparence, est planté de deux rangées d'arbres languissants, ce qui n'empêche pas que le tout ne forme une promenade très-régulière et fort agréable en hiver, quand il y a du soleil. La partie de ce canal comprise entre le pont tournant, par lequel on peut se rendre à l'Estacade, et le pont du Moulin, où commence la route de Plœmeur, porte le nom de *Bassin de commerce*. Ce dernier mot te dit que s'il n'y a pas à proprement parler beaucoup de commerce à Lorient, rien ne manque de ce qu'il faut pour l'attirer.

Bassin, dans un port de l'Océan, a la même signification que *darse* dans les ports de la Méditerranée, et l'un et l'autre termes veulent dire que les marins peuvent trouver là, en toute saison et à toute heure, de l'eau en abondance et un refuge assuré contre le mauvais temps.

Eh bien! croiras-tu que le bassin de Lorient, qui a des portes-écluses comme ceux du Havre et de Cherbourg, se trouve à sec à toutes les basses marées? Et Dieu sait quelle odeur s'exhale de ce fond de vase! Mais alors à quoi bon mettre des portes si on ne doit jamais s'en servir? Ce serait là une économie toute trouvée.

Mais ce n'est pas tout.

Conçois-tu que depuis une douzaine d'années environ que ce bassin existe, la presse locale demande mensuellement qu'on avise d'une manière quelconque aux moyens d'empêcher les accidents qu'il occasionne presque régulièrement chaque semaine?...

Eclairé d'un seul côté par une suite de réverbères assez éloignés l'un de l'autre, ce bassin devient le tombeau d'un grand nombre de pauvres diables de journaliers du port qui sont obligés de se rendre à leur ouvrage pendant une bonne partie de l'année, avant le jour, ou qui rentrent chez eux à la nuit close. Je ne parle pas de ceux qui, pris de vin, se trompent de route et tombent stupidement dans l'eau, croyant enfiler le pont tournant. C'est fâcheux, mais ma foi tant pis pour eux s'ils comptent sur le dieu des ivrognes : je parle des gens qui en plein usage de leurs facultés se noient, poussés par une bourrasque de vent ou trompés par des reflets trompeurs.

Eh bien, jamais personne n'a rien fait, rien tenté, rien demandé pour sauvegarder la vie des gens, et le bassin de commerce continue à faire mourir plus de monde que le typhus et le choléra.

Franchement, il eût mieux valu ne pas creuser à grands frais ce port... les rares bâtiments qui le fréquentent auraient continué à faire ce qu'ils faisaient jadis, et du moins il y aurait moins de noyés.

Si Chapelle et Bachaumont revenaient dans ce monde et qu'ils fissent une tournée par ici, ils ne manqueraient pas d'improviser un distique dans le genre de celui-ci :

Lorient du commerce est connu... pour ses ports,
A défaut de vaisseaux on y trouve des morts.

⁂ Je crois avoir dit que le théâtre de Lorient était peu fréquenté par ce qu'on est convenu d'appeler dans ce pays la société. Mais si le grand monde n'aime pas le spectacle, il n'en raffole pas moins de la comédie. Aussi entend-on parler de tous les côtés de répétitions, de scènes, de solos et de chœurs.

Cela signifie tout simplement que la comédie bourgeoise est à l'ordre du jour, et que dans toutes les maisons on monte des drames et des vaudevilles. A titre d'essai, on commence par faire jouer les enfants ; mais il est positif que les grandes personnes grillent de monter sur les planches à leur place.

Les nobles dames s'affublant de la cornette de Dorine... Diable ! cela donnera l'envie de devenir

Damis ou Léandre. Les baisers s'échangent souvent dans la comédie et au moins cela ne tire pas à conséquence.

*** Depuis plusieurs jours, l'administration municipale cherche à concilier les intérêts divers qui s'agitent à propos des places que l'on doit réserver définitivement au théâtre à certaines personnes qui viennent y passer leurs soirées.

L'arrêté du maire encore en vigueur destinait à ces personnes, d'une manière exclusive, les places du pourtour du parterre. Mais, loin de se montrer reconnaissantes de la condescendance qu'on avait pour elles, quelques-unes de ces dames avaient fini par jeter leur bonnet par dessus... la barrière, et sous prétexte d'aller et de venir pour des motifs urgents, avaient fini par être, pour de paisibles habitués, des voisines fort désagréables.

Amendant alors l'article du règlement, la municipalité a fait déloger cette turbulente population, et l'a installée aux secondes... en pleine clarté du lustre, espérant sans doute qu'à l'exemple des chauves-souris, qui redoutent l'éclat de la lumière, cette légère partie du beau sexe baisserait la tête et se tiendrait coite dans son coin.

Ce qu'on espérait, on l'a obtenu pendant deux ou trois représentations. Mais la femme est naturellement inconstante, et plus coquette encore qu'inconstante. Elle l'a bien prouvé : dimanche dernier, des cris, des quolibets et des rires partis de toutes les extrémités des troisièmes ont mis en rumeur, pendant plusieurs entr'actes, la salle tout entière. Ces dames ont fait leurs frais.

Les loustics espèrent que cela se renouvellera souvent.

*** N'est-ce pas Eugène Scribe qui a dit, dans son discours de réception à l'Académie française, qu'on pourrait, à défaut d'autres documents, écrire l'histoire de la France avec les chansons qui furent fredonnées sur le sol gaulois? Oui, c'est bien Scribe, le fécond vaudevilliste, qui a dit cela; mais avait-il bien raison de le dire ?

La chanson, ainsi qu'il le prétend, est-elle bien

juste, bien véridique surtout, et l'obligation de la rime n'a-t-elle pas entraîné le chansonnier dans plus d'une erreur grave ?

Supposons un instant que chartes, lettres-patentes, arrêtés, ordonnances, etc., viennent à disparaître entièrement ; admettons que tous les documents reconnus exacts soient anéantis ; que tous les livres, bons ou mauvais, soient brûlés jusqu'au dernier feuillet, et qu'il ne reste au monde qu'un volume : le « Recueil complet des chansons et des vaudevilles... » ; supposons enfin qu'un savant soit obligé de refaire la chronique de notre belle France ; arrivant à ce refrain si connu :

> Nous irons à Belle-Isle
> Pêcher la sardine,
> Nous irons à Lorient
> Pêcher le hareng,

Il s'écrira, en levant les deux mains au ciel :

« O bouleversements de la nature ! Combien de révolutions profondes se sont accomplies dans l'Océan aussi bien que sur la terre ! Croirait-on qu'autrefois les harengs envahissaient en troupes innombrables l'embouchure des rivières armoricaines, tandis qu'aujourd'hui on n'y aperçoit pas le moindre sujet de cette espèce dégénérée !... »

Et là-dessus, prenant sa plume, le savant écrira une longue tirade dans laquelle il prouvera par A + B qu'autrefois on pêchait des harengs à Lorient : qui sait s'il n'ajoutera pas qu'on les y prenait salés et fumés.

Ne tombe pas dans la même erreur, cher ami : on ne pêche pas le moindre hareng à Lorient; j'ajouterai même qu'on en mange très-peu. Si tu parles des sardines, c'est autre chose.

Pendant la belle saison, on voit circuler ce poisson en corbeilles nombreuses. Des femmes aux pieds nus et à la jupe courte circulent dans toutes les rues de la ville en criant à tue-tête : « *à la frusse* ou *fruche,* » en bon français : « à la fraîche ! » et dans un instant tous les paniers sont vidés et les sardines répandues dans toutes les maisons.

Ceci est pour l'alimentation journalière; pendant ce temps là, les *fricasseries* ou fabriques travaillent avec activité, et logent dans les boîtes de fer-blanc, dûment préparées à l'huile, ces sardines dont le placement est assuré d'avance.

J'ai fait une remarque : c'est que les Bretons qui ne peuvent sentir la cuisine à l'huile se régalent de sardines ainsi préparées.

Tâche d'y comprendre quelque chose.

⁂ Après six mois et plus de démolitions, de terrassements, de construction et de pavage, débarrassée enfin de tous les obstacles qui faisaient ses abords dangereux, la porte du Morbihan a été rendue à la circulation, et l'on peut désormais, sans crainte de recevoir un moellon sur la tête ou de tomber dans un trou, passer de l'*extra* à l'*intra-muros* et *vice versâ*, sous cette voûte rajeunie, embellie et surtout élargie que jadis la grande feuille locale traitait irrévérencieusement « d'étroite meurtrière. »

Les armoiries de la ville et de la province qui dominent son couronnement ne sont pas terminées encore, mais cela n'empêche que médiocrement les allants et les venants ; c'est l'essentiel : l'agréable doit passer après l'utile, et l'on a attendu l'utile assez longtemps pour qu'on n'ait pas à s'inquiéter d'un retard de quelques semaines. Ainsi arrangée, la porte du Morbihan produit un bel effet.

Le cours Chazelles, fort jolie avenue que l'on doit à la persistance du bon vouloir de celui qui lui a donné son nom, finit heureusement, et c'est à peine si l'on se doute aujourd'hui qu'on entre dans une place forte.

Au lieu du masque hideux qui se trouvait naguère entre le cours et la porte proprement dite, on va former un square où s'épanouiront les fleurs les plus rares et les arbustes les plus précieux. C'est là que le soir, en été, bien entendu, les dames iront s'asseoir, exactement comme dans le duo du *Pré-aux-Clercs*.

Espérons que c'est là aussi que viendront se raconter les mille petits cancans de la ville. Au milieu, s'élèvera un petit kiosque vert, avec des jalousies de même couleur. C'est une idée éclose dans le cerveau du sieur X... journaliste. Pour le récompenser de cette idée, on lui en donnera la jouissance à lui seul pendant plusieurs années.

Quelle chance ! seul, entouré de jalousies !...... Quelles belles tartines il pourra rêver dans ce kiosque !

On a bien fait d'élargir la porte du Morbihan; la ville a fait là un trait de génie. Il est permis seulement de s'étonner qu'on ait lésiné sur la largeur de l'ouverture faite à l'enceinte extérieure. Il en aurait coûté si peu de prendre un mètre ou deux de plus. Le cours Chazelles serait ainsi arrivé sans courbe jusqu'à la porte.

Après cela, par le temps d'économies qui court, il n'est pas étonnant qu'on ait cherché à économiser quelques francs. Mais ce qui paraît surprenant, c'est qu'une superbe grille, montée pour fermer en cas de besoin l'ouverture en question, au lieu d'occuper la place pour laquelle elle a été faite, soit remisée dans un magasin ! Il aurait bien mieux valu ne pas la faire du tout. Assurément ce ne sont pas les Lorientais qui l'ont demandée.

Autre question : quand pensera-t-on à la porte de Plœmeur?

Cette pauvre petite porte de Plœmeur fait vraiment pitié. — Que de zig-zag pour y arriver, et combien il faut d'adresse pour passer sous son modeste cintre, lorsque les charrettes des paysans se trouvent à son approche. — Il faut bien défendre les portes, dira-t-on... Une place de guerre a des inconvénients qu'on ne pourrait faire disparaître.

Supprimer entièrement, non, mais rendre plus supportables, oui... Elargissez, embellissez l'avenue de Kerentrech, bravo ! mais ne délaissez pas tout-à-fait celle de Merville.

La pauvrette en a bien besoin, allez.

. . . .

Je m'arrête là pour aujourd'hui, cher. Je m'y prendrai à l'avance une autre fois et je doublerai la longueur de ma prochaine lettre.

Je t'embrasse sur les deux joues.

IV.

Janvier 1866.

Depuis quinze jours, mon cher ami, je me trouvais dans une grande perplexité, et c'est toi, qui sans t'en douter, étais cause de ma mauvaise humeur durant le jour et de mes insomnies pendant la nuit.

Que diable, me disais-je en me levant, que diable, me répétais-je en me couchant, vais-je envoyer à ce cher Adrien pour souvenir du jour de l'an? Je cherche quelque chose de local, quelque chose de vraiment l'orientais à lui expédier, mais rien... je ne trouve rien qui puisse lui faire plaisir.

Des livres, des objets mignons?... Mais tout

cela vient de Paris à Lorient, et il serait tout simplement absurde de lui envoyer le moindre de ces articles de Lorient à Paris, d'autant mieux que leur provenance parisienne n'est nullement douteuse et qu'ils n'ont absolument aucun caractère breton.

Un instant j'ai eu l'idée de t'envoyer un abonnement à la grande feuille locale, mais j'ai réfléchi que c'était un triste cadeau à te faire... Puis, j'ai été sur le point de t'expédier une douzaine de boîtes de sardines à l'huile, de celles dont je t'ai parlé dans ma dernière lettre, mai j'ai craint pour la délicatesse de ton gosier, trop habitué au beurre.

A la rigueur, j'aurais pu songer à t'adresser une batterie flottante ou une frégate cuirassée, leur provenance lorientaise ne pouvant être incertaine, mais je n'ai pu m'arrêter longtemps à ce projet pour une multitude de raisons qu'il est parfaitement inutile de t'énumérer.

Enfin, cependant, à force de chercher, j'ai fini par trouver mon affaire... C'est un gâteau breton, un vrai produit du pays que j'ai acheté chez

Clairet, le premier pâtissier de Lorient, dont la réputation, disent les indigènes, est faite depuis longtemps. Tu apprécieras ce gâteau en ton âme et conscience, et comme c'est à tout prendre une affaire de palais, tu tâcheras de rendre un jugement juste et impartial, d'autant mieux que tu auras pour avocats désintéressés ta langue et tes dents.

Mais voilà que maintenant, lorsque je suis parfaitement tiré d'affaire et que je t'ai fait mon envoi, il me tombe sous la main un petit ouvrage à couverture jaune, sorti depuis trois jours seulement des mains de son auteur et que je vois circuler déjà dans toute la ville en exemplaires nombreux. Ce petit ouvrage, mon cher ami, je viens de l'acheter et je te l'expédie par la poste, persuadé qu'il te fera plaisir pour deux motifs : le premier, parce que c'est moi qui te l'envoie; le second, parce que c'est un produit lorientais, exclusivement lorientais, puisqu'il ne s'occupe que de Lorient et des Lorientais.

Si je te savais moins malin et moins habitué à prendre d'un livre tout le bon qu'il renferme, je me serais bien gardé de t'adresser cet ALMANACH OU ANNUAIRE DE LORIENT ET DE SON ARRONDISSEMENT. Car qu'importe à un Parisien l'annuaire d'une ville de province? mais pour toi, c'est autre chose. Tu veux des renseignements sur la ville que j'habite momentanément, tu m'en demandes à cor et à cris; parbleu, je te procure les moyens de faire des études et des rapprochements fort intéressants.

Sans doute, au premier abord, tu reconnaîtras que cet annuaire n'est pas tout-à-fait irréprochable, au point de vue typographique, mais tel quel, ce *Botin* en petit renferme des matériaux dont tu feras certainement ton profit.

Ainsi, par exemple, tu te diras : Voyons, à quoi en est l'instruction publique dans cette ville? Les moyens d'instruction sont-ils en rapport avec le nombre des habitants? Et te transportant à la page 53 et suivantes, tu verras que la ville renferme un collége très-important, érigé tout récemment en lycée.

J'ouvre une parenthèse. A propos de ce collége, de nombreuses expropriations ont eu lieu dans ces derniers temps; des démolitions vont commencer et de vastes constructions nouvelles s'élever sur l'emplacement des maisons disparues. Cela signifie que cet établissement a pris d'immenses développements, et que professeurs et élèves deviennent d'un jour à l'autre plus nombreux.

Je ne puis m'empêcher toutefois de faire ressortir un détail insignifiant peut-être, mais choquant. Sur la porte principale de ce gymnase intellectuel se trouve une enseigne, un tableau indicateur, un marbre enfin... Cette enseigne porte les mots de : *Collége de Lorient.*

Parbleu, on comprend bien que ce n'est pas le collége de Carpentras ou de Pézénas.

Espérons que, lorsque le lycée sera entièrement terminé, on ne répètera pas cette bévue sur l'entrée neuve.

Je ferme la parenthèse.

Indépendamment de ce collége, il y a pour les garçons un pensionnat important dirigé par M. Lehir, trois écoles communales et six écoles libres. Pour les filles, on trouve trois pensionnats, dont un légèrement aristocratique, celui de la *Retraite*, deux écoles communales et trente écoles libres.

Voilà, j'espère, pas mal de maîtres et de maîtresses; les élèves sont-ils nombreux? Oui, et leur chiffre va toujours croissant.

Ce n'est pas tout; outre ces écoles, il existe un cours d'adultes-garçons, et comme on a vu qu'il prenait un certain développement, on a imaginé depuis peu un autre cours pour les filles. Fort bien. Mais sais-tu, mon cher, à quelle heure se donnent les leçons? De huit à neuf heures du soir! Oui, cher. Et pour quelles filles a-t-on spécialement ouvert ce cours? Pour les bonnes d'enfants, les cuisinières et les femmes de chambre!

Vont-elles être dans la jubilation, ces braves filles!... L'usage dans ce pays est qu'une fois le couvert enlevé et la cuisine mise en ordre, les filles de service prennent leur clé et sortent de chez les maîtres pour jouir de leur liberté. C'est reçu. Quelques maîtres font les récalcitrants, mais ils sont en petit nombre..... Désormais le refus de laisser sortir une fille sera-t-il possible?

— Où voulez-vous aller ainsi, dira la maîtresse à la bonne, presqu'au moment de vous coucher?

— Madame, répondra la bonne, je vais à mon cours.

Si madame refuse, on répétera partout que madame est ennemie du progrès, de la civilisation, de la propagation des lumières; si elle permet, la bonne prendra le chemin du cours, et ira faire un cours... de parfait amour avec son marin ou son artilleur en permission de dix heures!

On veut propager l'instruction, fasse le ciel qu'on n'encourage pas seulement le vice et la débauche!

Ce dernier mot m'amène à parler des débits de boissons.

Tu as entendu dire peut-être qu'à Lorient, hélas, comme dans toute la Bretagne, l'ivrognerie est répandue d'une manière déplorable. A quoi cela tient-il? En grande partie à la facilité que les ivrognes rencontrent de boire à leur aise et de boire outre mesure. Croirais-tu que dans cette bonne ville de Lorient, il y a cent quatre-vingt-quatre débits de boissons régulièrement constitués, plus treize cafés, sans compter seize marchands de vins!.. C'est l'*Annuaire Corfmat* qui le dit.

Comment veut-on qu'un ivrogne résiste à l'envie de boire, lorsqu'à chaque pas il est sollicité par une porte largement ouverte au-dessus de laquelle se balance un rameau vert ou un écusson bien reluisant sur lequel se détache en lettres brillantes le mot : *Boissons!*

Le remède ne serait pas bien malin à trouver pour amener de bons résultats partiels. Qu'on ferme sans miséricorde les débits où l'on servira à boire à des gens déjà ivres, et les ivrognes diminueront du coup de moitié. Mais qui osera faire exécuter certain arrêté contre l'ivrognerie que j'ai vu affiché dans quelques débits?

Je ne sais et je doute même qu'il soit jamais mis en vigueur, quand je considère combien sont nombreux les ivrognes et combien est grande la douceur plus que paternelle dont on use envers eux.

Est-il une ville où mieux qu'en celle-ci les

ivrognes puissent impunément et paisiblement dormir, étendus tout leur long, dans les rues et sur les places publiques?

Quand un homme, n'en pouvant plus, tombe... les passants l'arrangent aussi commodément que possible là où il vient de choir et on le laisse dormir à souhait.

Je suis sûr que si on mettait ces gens là une seule fois au violon... ils s'en souviendraient dans l'occasion. Mieux vaudrait encore y consigner les cabaretiers et les aubergistes...

Mais si les cabarets sont toujours ouverts, on n'en peut pas dire autant des deux bibliothèques que renferme la ville. J'en excepte pourtant celle de l'Arsenal qui fonctionne avec toute l'exactitude désirable. Mais quant à la bibliothèque communale, c'est autre chose. Je déclare y être allé trois fois, et trois fois avoir trouvé les portes hermétiquement closes. Que diable! Tâchez donc de raisonner un peu... Vous instituez des cours pour les garçons et soi-disant pour les filles, de 8 à 9 heures du soir; complétez la mesure en ouvrant votre bibliothèque aux mêmes heures, officiellement d'abord et réellement ensuite; et ne payez pas un bibliothécaire pour rien.

Mais je m'aperçois que je m'emporte comme si cela me regardait. Critique, n'oubliez pas que vous n'êtes à Lorient qu'en passant, et rappelez-vous que les affaires municipales ne vous regardent pas. Bah! je ne l'ai dit à personne, et c'est à toi seul que je l'écris. Garde-toi bien de le répéter.

Je dois dire que si les portes de la Bibliothèque sont souvent fermées, celles du tribunal de commerce, qui se trouve à l'étage inférieur, sont toujours ouvertes et la salle toujours vide. J'ai vu des araignées ourdissant leurs toiles sur les siéges des juges. A quoi bon un tribunal de commerce dans une ville où le commerce est un mythe. Il y a également une chambre de commerce; chambre et tribunal dorment en paix côte à côte. L'*Almanach de Corfmat* ne dit pas cela, puisqu'au contraire il donne le nom et l'adresse des juges et des notables négociants, mais c'est uniquement pour mémoire.

Adieu, cher; dans ma prochaine, je tâcherai de

te parler de l'arsenal et de quelques-uns des établissements qu'il renferme.

L'arsenal, c'est l'âme de Lorient, c'est par lui qu'elle vit : aussi ville et arsenal ne font qu'un, et l'on ne saurait parler de l'un sans s'occuper de l'autre.

Adieu encore, et accepte de bon cœur mes vœux et mes souhaits de bonne année.

V.

Février 1866.

Il y a, mon très cher, une chose éminemment vraie : c'est que s'il fallait connaître, pour en parler, un sujet d'une manière approfondie, personne ne ferait de livre. Pour si bien que soit nourri un écrivain de la matière qu'il veut traiter, pour si capable qu'il soit de la présenter sous son véritable jour, pas un n'est en état de produire une œuvre irréprochable.

On a beau être le *vir unius libri* dont parle je ne sais plus quel savant, non seulement on n'est pas à l'abri de la critique, mais pour peu qu'un autre auteur veuille vous entreprendre, on court la chance de passer pour un écrivain médiocre, maussade, irrationnel, et l'on ne se tire d'affaire que grâce aux amis qui crient tout d'abord et avant tous les autres :

« Ceci est un livre magnifique; jamais on n'a écrit rien de tel... l'auteur est un grand homme! »

Naturellement, les gens qui s'en rapportent aux autres et qui ne voient pas la ficelle crient : *Hourrah!* sur tous les tons, et le susdit auteur passe à la postérité avec armes et bagages.

Tout ce qui précède est pour t'avertir que voulant t'écrire, ainsi que je te l'ai promis, quelques mots au sujet du port de Lorient, tu n'es pas obligé de prendre pour articles de foi tout ce que j'en dirai.

Si je trouve beau ce qui est laid, surprenant ce qui est ordinaire, c'est que je ne suis ni marin, ni ingénieur, ni soldat; si enfin je tronque l'histoire, c'est que je n'ai rien vérifié par moi-même et que je m'en suis rapporté aux documents fournis par ceux qui ont écrit avant moi. Seulement, comme ceux-là se sont fait une petite réputation d'estime, il faut croire que tout ce qu'ils ont dit est vrai.

Eccolo

A Lorient, on appelle le *port* ce qu'ailleurs, à Toulon, par exemple, on nomme l'*arsenal*.

Cette dénomination pourrait induire en erreur les gens qui viennent par hasard dans ce pays, si le port marchand, le port de commerce, n'était un mythe, sous le rapport, bien entendu, de son importance. Les Lorientais se tirent d'affaire en appelant leur port marchand le *quai*.

Voilà qui est convenu : *port* signifie *arsenal*, et *quai* veut dire *port*.

Donc, le port, séparé de la ville par un mur qui doit avoir quatre mètres de haut, et qui, partant de l'extrémité du cours des Quais, va aboutir à peu de distance de la porte du Morbihan, sur les derrières de l'hospice civil, couvre, en y comprenant la rivière du Scorff et les chantiers de Caudan, une superficie égale à peu près à celle qu'occupe la ville.

Je traduirais bien cela en hectares et en ares, mais comme je pourrais me tromper de quelques centiares, je risquerais de m'attirer la critique de quelque géomètre spécial. Je ne te donne donc aucun chiffre et je laisse à ton imagination le soin de prendre pour base de mesure l'étendue de terrain qui te passera par la tête!

La première chose qui frappe les yeux quand on arrive sur les bords de la rivière qui sert, à proprement parler, de port, de bassin, c'est l'absence totale de vaisseaux armés. Lorient étant avant tout un port de construction et d'armement, se débarrasse très-promptement des navires qu'il vient de rendre propres à la navigation, en les expédiant au plus tôt à destination. C'est à peine si les navires neufs passent en rade, c'est-à-dire à proximité de l'île Saint-Michel, quinze jours, un mois.

Quant à ceux qui reviennent de campagne, à peine ont-ils franchi la passe du Scorff, qu'ils sont saisis par les gens du métier et désarmés avec une rapidité prodigieuse.

C'est ce qui explique le désappointement qu'éprouvent les étrangers qui s'imaginent pouvoir, à peine à bas de leurs voitures, visiter plusieurs ou même un seul de nos vaisseaux, ne serait-ce qu'une frégate ou une corvette.

Mais s'il s'en trouve un échantillon en rade, le

désappointement persiste ; s'il est neuf, il n'est pas entièrement achevé ; s'il est vieux, il a besoin d'être réparé.

Il faut donc se rabattre sur d'autres objets.

Les établissements à voir ne manquent pas, mais si on n'a pas de connaissances spéciales, il suffit de les voir de loin.

Si jamais tu viens ici, voici à peu près l'itinéraire qu'on te fera suivre.

Tu admireras d'abord la place d'Armes et les deux pavillons qui ornent un de ses côtés. Si ton œil n'est pas entièrement satisfait, ton *cicerone* t'expliquera très-probablement que ces deux pavillons ne sont que les ailes du bâtiment central qui devait être construit après l'achèvement des deux pavillons, mais qui, par suite du mauvais état des affaires de la Compagnie des Indes, n'a jamais été commencé.

Je m'aperçois que, à l'exemple des romanciers habiles (et cependant je ne suis ni romancier ni habile), je te fais entrer dans l'action avant de t'avoir mis au courant par un prologue quelconque. Or, voici ce prologue.

Au mois de juin 1666, le roi Soleil octroyait aux directeurs de la Compagnie dite des Indes, association commerciale qui, depuis bien des années, avait le monopole du commerce de Madagascar, de Bourbon, etc., la permission d'établir des magasins, des chantiers et autres places nécessaires pour le bâtiment des vaisseaux sur la lande qu'occupe aujourd'hui la cité d'où je t'écris. Ce fut le point de départ de la ville et port de Lorient qui, à travers les vicissitudes et les modifications qu'eurent à subir les diverses compagnies qui se succédèrent, toujours sous la dénomination *des Indes*, arrivèrent à être quelque chose de passablement important, vers 1770, époque à laquelle l'Etat, vu la triste situation des affaires de la dernière de ces compagnies, devint acquéreur de tous les vaisseaux, magasins et esclaves de la susdite compagnie, en échange d'une rente annuelle de 1,200,000 livres au profit des actionnaires.

Cela te suffisant pour t'apprendre comment naquit Lorient, je poursuis.

A quelques pas de la préfecture maritime on

te montrera la *Tour des signaux* ou *Tour de la découverte*, qui a 36 mètres de hauteur au-dessus du sol et 44 mètres au-dessus du niveau de la mer et du sommet de laquelle on découvre, même sans lunette d'approche, un panorama des plus étendus.

Le quartier des équipages de la marine, établissement monumental que les ingénieurs de la compagnie avaient désigné sous le nom d'Hôtel des Ventes et qui hélas ! a singulièrement changé de destination, frappera ensuite tes regards. Quel dommage que ce beau bâtiment ne se trouve pas au centre de la ville, sur la place Napoléon, par exemple. Là, il est perdu pour l'art et pour la perspective ; nul ne le considère que les matelots et les fusiliers marins, et je doute que ces braves gens soient dignes appréciateurs de l'architecture.

En revenant de là tu demanderas à voir la salle d'armes.

Quoique, à mon avis, les proportions n'en soient pas heureuses et qu'on n'y trouve qu'un jour peu favorable, tâche de la visiter. Il y a quelques trophées qui charmeront ton œil; mais tu ne pourras te défendre d'un sentiment de tristesse en considérant que toutes ces armes si bien frottées, si bien alignées, seront un jour noires de poudre et de sang! Triste moyen qu'il faut employer pour arriver à la paix universelle et durable.

Sorti de la salle d'armes, tu feras bien d'aller devant toi jusqu'au vieux bassin de radoub qui ne dit pas grand chose au regard et à la Cale couverte, construite jadis à grands frais et qui ne sert à rien aujourd'hui, sinon à abriter contre la pluie, lorsqu'elle tombe verticalement, des chaudières et des embarcations désarmées.

Tu n'auras pas, je suppose, la velléité de fourrer ton nez dans les bureaux et les magasins divers qui se trouvent un peu partout; on te fermerait la porte des uns et on ne t'ouvrirait pas la porte des autres; va faire une tournée élémentaire dans les ateliers de serrurerie, de chaudronnerie, d'ajustage, de scierie, de tonnellerie, de corderie, etc., et marche avec précaution autour des machines, de crainte d'accident. De cette façon tu sortiras intact, mais aussi ignorant qu'avant. N'importe, tu auras visité l'arsenal et tu pourras dire, comme tant d'autres, que tu as tout vu.

Ne songe pas cependant à rentrer en ville avant d'être allé examiner de près la carcasse de quelques-uns des navires qu'on est en train de terminer sur les chantiers de Caudan, et que tu as aperçus tout d'abord de l'autre côté de la rivière. C'est bien là ce qui surtout doit attirer l'attention des curieux vulgaires comme toi et moi.

En parcourant ces établissements divers, tu as rencontré bien des employés de toute nature, bien des ouvriers de toutes les sortes. As-tu remarqué beaucoup de mouvement et d'activité?

Du mouvement, oui.

De l'activité, non.

Tu as vu des hommes portant d'énormes pièces de bois, traînant de lourds fardeaux; mais là où deux hommes auraient suffi, tu en voyais dix; là où dix hommes étaient tout au plus nécessaires, tu en as compté trente. Il est vrai que, sur le total de ces braves gens, le quart tout au plus faisait force du bras qui de l'épaule, les autres trois quarts laissaient faire.

Pourquoi? Voici.

Beaucoup de ces bons journaliers tiennent ce raisonnement :

« Que je travaille beaucoup ou peu, je serai payé également. Or, en travaillant peu, j'économise mes forces, donc j'ai du bénéfice à travailler peu. »

Et partant de ce principe, beaucoup ne travaillent pas du tout.

Mais comme cela t'est bien égal, tu passeras ton chemin, en gardant pour toi les réflexions que tu auras pu faire, et très-satisfait d'avoir visité le port de Lorient en gros et en détail, tu t'en iras par la même grille que tu auras prise en entrant, à moins toutefois que tu ne rencontres un gendarme novice qui, prenant à la lettre le libellé de la permission qu'on t'aura délivrée au secrétariat de la Majorité, ne veuille t'empêcher de *sortir* sous prétexte que ladite permission porte ces mots : « Il est permis à M. H., porteur de la présente, d'*entrer* dans le port. »

Tu demanderas alors le brigadier, qui sans doute trouvera que le gendarme n'a pas raison.

Ma plume est toute ébouriffée d'avoir écrit tant de phrases sans se reposer. Pour lui donner le temps de se remettre un peu, je vais transcrire quelques extraits de mon fameux cahier.

*** On m'a montré l'autre jour un avocat de la ville qui a une singulière habitude.

Cet honorable défenseur de la veuve et de l'orphelin se promène du matin au soir, n'importe le temps, la canne sous le bras, en sifflant sans cesse entre ses dents.

On assure qu'il siffle ainsi depuis le jour où il a plaidé sa première et dernière cause.

*** La ville de Lorient, dont j'admire, tout Parisien que je suis, la gaîté et l'animation, mérite d'être vue d'une façon spéciale dans la matinée des mercredis et samedis. Ces deux jours étant jours de marché, les villageois et paysans des environs viennent en ville pour vendre leurs produits et acheter les mille et un objets utiles à leur existence ou leurs travaux. Je ne parle pas de bien-être, le paysan breton, comme tous les paysans du monde, vivant chichement et misérablement pour amasser le plus qu'il peut.

Je dois avouer que le défilé de toutes ces bonnes gens n'est pas complètement à leur avantage; ils n'ont pas même pour eux le relief du costume national. Rien de complet, rien de classique. Des pantalons larges et longs, avec le grand chapeau; des robes de couleur, *à la mode de la ville*, alliées au *capeau* et au *béguin*, tout cela produit un tout qui n'enchante pas l'œil.

Le costume breton se meurt... On peut dire presque qu'il est mort. C'est tout au plus s'il respire encore dans les cantons les plus reculés du Finistère; dans le Morbihan, il est à l'agonie.

Si les gens, ainsi vêtus, ne paraissent pas beaux, en revanche, leurs bêtes sont dégoûtantes. Jamais lavés, rarement étrillés, à peine bouchonnés, leurs chevaux et leurs vaches promènent impudemment les détritus de toute nature collés à leur robe et affligent les regards des adeptes de M. de Grammont.

Qu'on ne maltraite pas les animaux, je le veux bien, mais qu'on force leurs maîtres à les traiter un peu mieux. En les obligeant à soigner davantage la toilette de leurs bêtes, peut-être donnera-t-on à ceux-là l'habitude de soigner un peu plus la leur.

Tout le monde y gagnerait.

*** En parcourant, il y a peu de temps, un bouquin relatif à la Provence, je lisais ces deux vers :

Le parlement, le mistral, la Durance,
Voilà les trois fléaux de la Provence.

Ce distique m'a immédiatement inspiré, au sujet de la Bretagne, ces deux vers que je livre à tes méditations :

Les mendiants, les chiens, l'amour de la barrique,
Tels sont les trois plus grands fléaux de l'Armorique.

La Bretagne est un pays pauvre, c'est incontestable; les mendiants y sont dès lors très-nombreux, mais très-effrontés aussi. Fi donc! autrefois on pouvait tendre la main humblement, mais aujourd'hui on sonne aux portes et l'on vous barre le chemin. C'est permis à Lorient, attendu qu'il n'y a pas de dépôt de mendicité, et que la police ne tient nullement à entraver l'exercice de la charité.

On nait mendiant dans ces pays-ci, comme ailleurs on nait peintre ou musicien, c'est dans les mœurs. Le mendiant a droit au soleil, quand il en fait, et je t'assure qu'il ne se gêne pas d'en profiter.

Tous les moyens sont de recette, pourvu qu'on lui donne ; de gré ou de force, cela lui est bien égal.

Il y a cependant quelques sujets de l'espèce qui savent s'y prendre convenablement. Dernièrement, j'ai admiré un de ces honorables industriels qui faisait une abondante récolte de sous, grâce à sa clarinette.

Ce soi-disant aveugle (voir les *Deux-Aveugles* d'Offenbach), s'arrêtait devant chaque porte en jouant le *Dies iræ, Dies illa*, de la messe des Morts. Comment ne pas donner à un homme qui vient vous seriner en musique cette prose poétique !

Mais si les aveugles sont nombreux, les chiens sont plus nombreux encore, justement parce que le pays est pauvre. Règle générale : plus une localité est misérable, plus on y compte de chiens. Ici on les rencontre par douzaines...... c'est presque autant qu'à Péra ou à Constantinople. J'ai vu souvent des rues remplies de ces quadrupèdes, sans muselière, sans collier, maigres, efflanqués, le nez dans le ruisseau ou la jambe en l'air.

Mais plus nombreux encore que les chiens et les mendiants, sont les ivrognes.

O divine bouteille, que de gens tu ramènes à l'état de bêtes ! Bêtes ne dit pas assez : je devrais dire reptiles ; quand un homme se traîne dans un ruisseau, qu'il se vautre dans la poussière en rendant en gros ce qu'il a pris en détail, c'est une brute.

Le jour de la paye du port est un jour néfaste, excepté pour les cabaretiers qui poussent à la consommation plus que d'habitude, parce qu'ils savent les poches de leurs clients pleines de gros sous. Qu'importe à ces gens-là que des femmes légitimes attendent avec angoisse le retour du mari pour payer le pain noir qu'elle et ses enfants mangent à crédit pendant quinze jours : qu'importe à ces débitants que l'argent destiné à faire vivre pendant la moitié d'un mois une famille nombreuse, s'en aille dans une ou deux journées d'orgie ils auront fait une bonne recette, et la femme de l'ivrogne recevra des coups si elle se plaint des coups, si elle ne dit rien.

Et dire que la plupart de ces ivrognes-là se soûlent pour se soûler. Ce n'est pas lentement, petit à petit, qu'ils en arrivent là, ils veulent parvenir à ce degré rapidement. Ils boivent à grands traits de l'eau-de-vie quelconque et versent quelques gouttes de vin sur leur chemise pour faire croire qu'ils ont bu du vin.

Pouah !

Mais si le tableau que je viens de tracer est ignoble quand le héros est un homme, il est hideux lorsque c'est une femme qui se met en scène.

Je rougis en l'écrivant, mais cela est : les femmes de ce pays s'adonnent à la boisson presque autant que les hommes, et comme eux se roulent souvent dans les ruisseaux.

Et l'on veut ensuite que l'espèce humaine ne dégénère pas!

Admirons plutôt la force de notre civilisation, puisqu'elle résiste aux atteintes qu'on lui porte si durement.

Voilà le drame; voici la comédie. Souvent j'ai rencontré des couples qui se livrent avec un ensemble touchant au culte de Bacchus. Le mari boit, la femme boit, et bras dessus bras dessous ils rentrent ensuite au logis, en titubant et en chantant à qui mieux mieux. Voilà, jespère, des époux assortis.

Et là dessus, je te serre cordialement la main en t'adressant la salutation usitée dans le pays, seul mot breton que j'ai pu apprendre encore :

Quenevô, autrement dit : au revoir.

VI.

Mars 1866.

Sois satisfait, ô mon très-cher.

Ce personnage extraordinaire dont l'*Evénement* s'est occupé à plusieurs reprises; dont Jules Vallès a parlé avec tant d'enthousiasme, et au bénéfice duquel le grand-maître du roman, l'illustre Paul Féval, veut faire une conférence publique; ce personnage à moitié paralytique, grelottant de la fièvre du Sénégal, père de neuf enfants, dont deux adoptifs, quasi-anachorète vivant des fraises que produit son rocher, ennemi enragé de la douane et des douaniers, — *bons à rien*, — ce personnage qui existe, dit-on, à Lorient et que tu m'as chargé d'y trouver, le *père Gerbet*, en un mot, n'est pas un être fantastique.

Il existe bien réellement, mon cher, et, sauf embellissement dû à la plume du célèbre romancier et de M. Jules Vallès, il est bien tel que l'*Evénement* le représente. Seulement, ce singulier Parisien de Lorient ne s'appelle pas Gerbet le moins du monde, mais bien *Goubet* (*de la Perrière*).

Goubet est un type... vu d'un peu loin; vu de près, c'est un homme comme tout le monde. Mais moins heureux que beaucoup d'autres, il lutte, avec une persévérance digne d'un meilleur sort, contre le guignon qui, depuis sa naissance, le poursuit et le contrarie dans ses grandes comme dans ses petites entreprises. Tout le monde ici l'a vu, cumulant ses fonctions de gardien du phare avec celles de jardinier, établir sa plage et y installer pour la saison d'été des cabanes à l'usage des baigneurs, et cet hiver tous les Lorientais ont appris avec douleur qu'une immense marée, aggravée de vents épouvantables, avait enlevé en quelques instants cabanes et plage... sable de la plage s'entend.

Goubet reconstruira-t-il cet été son établissement de bains qui n'existe plus en ce moment que de nom? Paul Féval doit le savoir mieux que moi et que Goubet lui-même.

Ce qui m'étonne, c'est que l'auteur du *Fils du Diable*, qui paraît connaître si bien l'*Amant de la Comtesse*, ne l'ait pas signalé comme apiculteur distingué, — ce qui peut-être le ferait redevenir un homme comme tous les autres, — mais surtout comme charmeur d'abeilles, ce qui ajouterait incontestablement quelque chose à son étrange physionomie.

Goubet a fait un petit manuel d'apiculture pratique qu'il a destiné aux écoles rurales, intention fort bonne, il est vrai, mais dont je doute qu'on lui tienne compte. Ce petit ouvrage traite, en 21 chapitres, de l'apiculture dans tous ses détails, et après l'avoir lu, si on ignore les premiers éléments de cet art, on a appris bien des choses qu'on ne soupçonnait pas. C'est dans ce *traité* que le père Goubet explique comment on peut vivre au milieu de ces industrieux insectes sans courir le plus léger risque de sentir l'effet de leur aiguillon.

« Je n'ai jamais été piqué par les abeilles, dit-
» il, page 32 de son manuel, et cependant je tra-
» vaille ces insectes par tous les temps et dans
» toutes les saisons. Je ne choisis point les
» ruches, et je passe mes visites le visage et les
» mains à découvert. »

Goubet pourrait s'arrêter là et faire croire ainsi qu'il possède un don surnaturel; mais non, il continue modestement :

« Tout le monde peut se familiariser ainsi avec
» les mouches à miel. La chose est très-facile.
» D'abord, il faut prendre garde de les irriter par
» des gestes trop brusques et surtout il ne faut
» jamais vous servir de votre main quand elles se
» posent sur vous. Il suffit de souffler dessus. En
» agissant ainsi, vous évitez de les mettre en
» colère et vous vivrez avec elles en parfaite in-
» telligence, car elles s'attachent à l'ami qui les
» soigne et elles aiment à se reposer sur lui.

» Souvent, dit-il encore à la page 56, mes voi-
» sins viennent me prier d'aller récolter leurs es-
» saims. Si je suis trop pressé, j'approche une
» ruche et j'y dépose les abeilles par poignées,

» montrant par là aux personnes présentes qu'il
» n'y a rien à redouter de ces insectes en pareille
» occasion. »

Ce que je viens de te dire du manuel peut te faire croire que Goubet est un garçon ayant fait au moins ses classes, car enfin il faut admettre qu'un homme qui écrit des livres en a lu et feuilleté lui-même un certain nombre. — Erreur. — Voici ce que te répondra Goubet :

« Avant d'aller plus loin, je dois déclarer que
» je suis sans instruction; je n'ai jamais eu le
» bonheur de fréquenter une école. Pourtant, aidé
» de ma bonne volonté et grâce à quelques leçons
» malheureusement trop rares, j'ai fini par ap-
» prendre à lire et même quelque peu à écrire,
» mais sans principes et sans règle.

» D'un autre côté, à la suite de mes longs
» voyages en Afrique et en Amérique et d'un
» séjour trop prolongé au Sénégal, j'ai contracté
» des affections qui m'ont entièrement privé de
» l'usage de mes membres supérieurs du côté
» droit, de sorte que j'ai dû écrire cet ouvrage
» avec ma main gauche. Mais si j'ai pu exposer

» ma méthode d'une manière satisfaisante quant
» au fond, j'étais en complet désaccord avec la
» grammaire quant à la forme. C'est pourquoi j'ai
» chargé un de mes amis de corriger mon tra-
» vail. »

Communique ma lettre à Paul Féval; il tirera autrement parti que moi de ce fait qu'il paraît ignorer, et pour peu qu'il écrive un nouvel article là-dessus, il aura fait de son père Gerbet l'homme le plus extraordinaire qu'aient jamais vu les côtes de la Bretagne.

Quant à la souscription dont il se nomme à l'unanimité gérant commandité, qu'il se hâte de faire circuler ses listes. Les pratiques habituelles de Goubet lui donneront sans doute leur signature.

Je continue ma lettre en transcrivant quelques extraits de mon journal de voyage.

*** Les noms donnés aux rues ont deux sources, l'instinct populaire et l'ordre de l'autorité. Jadis : c'est le premier seul qui prévalait; aujourd'hui c'est à peu près exclusivement le second

Le premier, il faut bien le dire, se trompait rarement : ainsi, quand le peuple appelait une rue quelconque : rue *Coupejarret*, rue *Malaisée*, rue *Torte*, on peut être certain que ces voies diverses étaient bien dignes de leur nom.

La plupart des rues de Lorient ont été baptisées par la population, et l'autorité plus tard a légalisé l'acte de naissance. Or, je me demande pourquoi la rue des Fontaines s'appelle *rue des Fontaines*.

Au premier abord on s'imagine qu'il y a eu autrefois dans cette première artère de la ville des puits, des sources jaillissantes, des fontaines grandes ou petites en un mot... Eh bien, point. La rue des Fontaines est ainsi nommée parce qu'il n'y a pas et qu'il n'y a même jamais eu la moindre borne-fontaine.

⁂ La rue de l'Hôpital est la plus longue des rues de Lorient; je trouve seulement son nom un peu lugubre. Généralement, il faut bien le reconnaître, les hospices ne sont avoisinés que par des traverses d'une splendeur douteuse; à Lorient, l'Hôtel-Dieu est situé dans la plus large de ses rues; qu'on ne l'assombrisse donc pas par une appellation qui ne peut jamais éveiller que des idées tristes.

Il est à noter qu'il y a dans cette même rue : le tribunal civil, le tribunal de commerce, l'hôtel-de-ville, la halle au poisson, le château d'eau, la poste, les bureaux du télégraphe, de la recette des finances, de l'enregistrement, etc., etc.

Je demande que la rue de l'Hôpital s'appelle désormais la rue des Plaideurs ou de la Monnaie. Ce serait plus gai, et l'hôpital n'en existerait pas moins.

*** Il est incroyable comme partout la population d'une ville oublie ce qu'elle devrait savoir avant tout : l'origine du nom de ses rues et de ses places. Exemple.

J'ai demandé à plus de vingt personnes pourquoi on appelle le cours de la Bôve, la *Bôve*. Nul n'a su me répondre et je serais à le demander encore sans l'excellent ouvrage de M. E. Mancel, ancien préfet, intitulé *Chronique lorientaise, origine de la ville de Lorient, son histoire et son avenir*.

Bien conçue et bien rédigée, cette monographie renferme d'excellentes choses. C'est là seulement que j'ai appris que M. *de la Bôve* fut intendant général de Bretagne; qu'autrefois, ce même cours s'appelait *cours d'Esprémênil,* du nom d'un des directeurs de la Compagnie des Indes. Jadis cette promenade s'appelait *place de la Potence.* Cette dernière dénomination n'avait pas besoin d'explication, au moins.

⁂ Si au lieu d'être Parisien j'avais été Breton, j'aurais peut-être su pourquoi la deuxième partie de la rue des Fontaines porte le nom de *Pont-Carré.* L'ouvrage de M. Mancel, page 67, m'a prouvé que l'architecture n'entrait pour rien dans tout cela, et j'en ai été bien aise. Malgré les viaducs de chemins de fer et les ponts en fil de fer, on se représente toujours au premier abord un pont... en arcade. — Vieille habitude dont nous nous déferons comme de tant d'autres.

⁂ Si jamais je devenais maire de Lorient, supposition vraiment trop hasardée, je voudrais prendre l'arrêté suivant :

Vu, etc.,

Attendu, etc.

Considérant que les chiens, quand ils ne sont pas à la chasse, à la garde du troupeau ou de la ferme, sont des animaux beaucoup plus désagréables qu'utiles;

Que la participation qu'on leur laisse prendre aux avantages de la civilisation et de la société devient tyrannique dans bien des cas;

Qu'il est prouvé notamment que les rues et les places publiques sont tellement remplies de ces carnivores, à certains moments, que la circulation en devient fort difficile;

Qu'il est incontestable que ces soi-disant amis de l'homme sont la cause d'une multitude d'accidents, chutes d'enfants, éclaboussures, etc.;

Qu'en ce qui concerne la morale et la pudeur, ces quadrupèdes se livrent journellement en public, et sans égard pour la modestie des jeunes personnes, à des actes de galanterie qu'on ne tolérerait nullement chez les bipèdes;

Qu'en ce qui touche la propreté, on ne saurait nier que ces digitigrades salissent tous les coins de rues, les bornes-fontaines et portes des maisons, levant la jambe très-irrévérencieusement vingt fois par minute ;

Qu'il arrive journellement que dans les stations que font les Dames et les Messieurs autour de la musique de notre garnison, les mardi, jeudi et dimanche de chaque semaine, ces vulpiens maculent, par certain jet impur, les robes les plus riches et les pantalons les plus galonnés, sans que les intéressés s'en aperçoivent,

Défendons expressément l'entrée des chiens sur la place d'Armes, sur la Plaine et sur la Bôve, sous peine d'une amende de 50 fr. pour les propriétaires et de quinze jours d'incarcération pour les animaux désobéissants, etc.,

Et sera le présent arrêté publié à son de trompe, etc.

Je parierais volontiers quelque chose que cet arrêté serait bien accueilli par mes administrés.

⁂ Si j'étais boucher et que je tinsse à m'enrichir

en peu de temps, j'essayerais de faire ce que certains marchands de viande ont fait ailleurs; je ne parle pas de Lorient, bien entendu. Sur mon étal, bien entourés de morceaux de bœuf, par exemple, je glisserais certains quartiers de vache; au milieu des gigots et des épaules de mouton je laisserais se faufiler quelques membres de chèvre, et parmi les côtelettes d'agneau s'égareraient quelquefois des côtes de chevreau. Tant pis pour la pratique si elle prenait la vache pour le bœuf, le chevreau pour l'agneau et la chèvre pour le mouton. On est commerçant ou on ne l'est pas.

.*. A Lorient il existe une bonne habitude que je signale.

Lorsque dans une course ou une promenade en ville on a laissé tomber de sa poche dans la rue la clé de sa maison ou de sa chambre, il n'y a pas à s'inquiéter. On continue sa course, si elle n'est pas terminée; on recommence sa promenade, si elle est déjà faite, et au bout d'une heure environ on prend le chemin de l'église et on entre dans le tambour; le premier objet que l'on aperçoit, accrochée à un clou, au mur, c'est la clé perdue.

On reprend sa clé et l'on s'en va comme si rien n'était.

Cet usage a quelque chose de patriarcal que je ne puis m'empêcher d'admirer toutes les fois que j'y pense. Vous avez perdu votre clé, quelqu'un l'a trouvée, cela va sans dire, et ce quelqu'un est allé immédiatement la placer sous la garde de Dieu, à l'entrée de son sanctuaire; c'est vraiment beau. Ailleurs, cela ne se passe pas ainsi.

Ah! par exemple, si vous perdez votre montre, une épingle montée, une bague, c'est une autre affaire. Vous allez trouver le tambour officiel, vous faites réclamer tout haut l'objet égaré, vous placardez des affiches dans toute la ville; en désespoir de cause, vous courez chez le commissaire de police, espérant qu'on y aura déposé l'objet en question... peine perdue! vous ne reverrez plus votre bijou.

Je répète ma phrase: ailleurs cela ne se passe pas ainsi.

Les exceptions qu'on pourrait citer ne seraient

pas assez nombreuses pour détruire mon affirmation. Il y a tant de gens, même ailleurs qu'en Bretagne, qui croient qu'on devient légitimement propriétaire des objets trouvés, par ce seul fait qu'on les a trouvés.

Et sur ce, comme dans le *Barbier de Séville*, que le ciel te tienne en joie.

VII.

Avril 1866.

Lorient est en fête, mon cher ami. A l'heure qu'il est, le tambour résonne dans tous les carrefours; dans toutes les rues les trompettes retentissent et sur les places les grosses-caisses et les pétards ébranlent les maisons jusque dans leurs fondements.

Cette population si gaie, si bruyante, si amie du mouvement, est dans la jubilation. Sur tous les visages la joie est peinte et peu s'en faut que l'on entende tous les habitants entonner un joyeux refrain.

Depuis dimanche la foire est commencée; c'est la foire qui cause tout ce tapage inusité et apporte ce redoublement de gaîté chez cette population avide de plaisirs.

Pauvre Parisien que tu es, je te vois d'ici faisant la moue, prêt à prendre en pitié ce préambule un peu emphatique de ma lettre, et te donnant une mine d'autant plus renfrognée que mes termes sont plus enthousiastes.

Et cependant, si tu veux être juste, tu conviendras avec moi, après avoir jugé de sang-froid la faveur dont jouissent à Paris les foires des Jambons et du Pain-d'Epice, que les Lorientais n'ont pas tout-à-fait tort d'accueillir avec de tels transports de joie leur unique foire de l'année, la foire de Pâques.

Tu oublies trop, mon cher, qu'un simple chef-lieu d'arrondissement ne jouit pas des mille agréments dont nous sommes favorisés à Paris. Les distractions y sont rares, tandis que dans la capitale il n'y a qu'à paraître dans les rues pour y voir sa curiosité largement satisfaite.

Laisse donc les Lorientais courir avec bonheur vers la place Napoléon, où marchands et saltimbanques se sont donné rendez-vous, et continuons tout bas à faire nos remarques qui ne feront de mal à personne, puisqu'elles ne vont pas plus loin que de toi à moi.

Que je te dise d'abord pourquoi j'ai gardé le silence si longtemps, lorsque je t'avais promis une lettre au moins par quinzaine.

Je n'étais plus à Lorient, très-cher, depuis le 14 janvier et je n'y suis rentré que jeudi 28 mars, juste à temps pour aller entendre le *Stabat* de Rossini, chanté par les artistes et amateurs de la ville. J'avais fui à toute vapeur, entraîné par mon oncle, et j'étais allé en sa compagnie me réfugier à Nantes.

Pourquoi? me diras-tu. Par peur, non; par prudence, peut-être; par complaisance, à coup sûr.

Tu sais sans doute que le choléra avait envahi une bonne partie du département et Lorient n'était pas épargné. Moi, je n'y portais pas grande attention; mais mon oncle a eu peur, il a voulu partir à tout prix, et nous sommes partis.

Comprends-tu cela, mon ami; un homme qui vingt fois s'est jeté au-devant des boulets ennemis, qui a donné durant le cours de sa vie maritime cent preuves de la plus grande bravoure et qui a conquis tous ses grades à la pointe de l'épée, cet homme a tremblé devant une épidémie et il s'est sauvé comme un lâche, pâle et malade de peur. A distance, le courage lui est revenu, mais la chose était faite, et pour revenir à Lorient nous avons attendu qu'il fût positif et prouvé que le choléra était en pleine déroute.

Or, le 28 mars, à onze heures et demie, nous faisions notre rentrée quasi-triomphale dans la patrie de Bisson et nous reprenions possession de notre domicile un peu lestement abandonné. Chose étonnante et à noter, il faisait beau. Aussi, dans le trajet de la gare à la ville, ai-je lorgné, par la portière de l'omnibus, le cours Chazelles et la porte du Morbihan pour voir si j'apercevrais du nouveau.

Bien m'en a pris, car j'ai pu remarquer que le cours Chazelles est dépavé en partie pour être macadamisé en entier, et que la réparation de la porte du Morbihan est presque terminée. Le square dont je t'avais parlé dans une de mes précédentes lettres est planté, la grille posée, et le tout produit un effet, ma foi, fort agréable.

L'administration municipale, que j'admire sans la connaître, a donné là une preuve de son intelligence, et la population tout entière, que ses affaires ou ses plaisirs attirent journellement de ce côté, ne se fait pas faute de lui rendre la justice qu'elle mérite. Je regrette seulement qu'on n'ait pas construit le kiosque destiné primitivement au journaliste auquel on l'avait promis. Peut-être reviendra-t-on sur cette décision.

Quelques heures après mon arrivée à Lorient, je courais à l'hôpital pour y entendre le *Stabat* dont je t'ai parlé tout-à-l'heure. Cette admirable partition du célèbre maëstro servait de prétexte pour attirer les indifférents à un sermon de charité prêché au bénéfice de l'établissement par le prédicateur de la paroisse. La chapelle n'est pas vaste, mais elle est largement suffisante pour les besoins de la maison. Elle réunit d'excellentes conditions d'acoustique, aussi n'ai-je pas perdu une seule note des quatre morceaux qui ont été chantés.

Je ne connais aucun des exécutants ; tu ne m'accuseras donc pas de flatterie si j'en fais l'éloge. Le chef d'orchestre m'a semblé se donner beaucoup de mal pour conduire les instrumentistes qui sont excellents, et les chœurs qui, en revanche, n'étaient pas de première force.

Comment en serait-il autrement? Les trois quarts des chanteurs m'ont paru ne pas avoir le premier sentiment de la mesure. Si encore ils avaient eu de la voix... Ah bien oui !

Au fait, quand, nous autres Parisiens, nous applaudissons à tout rompre des ruines vivantes qu'il ne serait pas difficile de nommer; des chanteurs... émérites autrefois, mais qui maintenant n'ont plus que le regard et le geste, je ne vois pas pourquoi les Provinciaux ne se croiraient pas le talent de chanter sans organe.

En ce qui concerne la solennité dont je parle, on n'avait pas demandé des voix ; on avait fait appel à la bonne volonté et les gens de cœur s'étaient présentés.

Les solistes ont produit sur moi un tout autre effet. J'ai remarqué surtout deux voix de femmes puissantes et sympathiques, un soprano et un contralto, et une voix d'homme, basse bien timbrée et moelleuse, qui serait magnifique si elle était lancée avec plus d'assurance.

J'ai aperçu dans un coin de la chapelle le docteur X..., excellent homme que j'ai vu plusieurs fois chez mon oncle, prenant des notes furtivement. Le docteur X... est le plus grand mélomane de Lorient, et il ne se bat pas une mesure, il ne se chante pas une ariette qu'il ne soit là pour la battre et la chanter. Ne crois pas pour cela que cet aimable docteur sacrifie la médecine à la musique. Point n'est. Sa clientèle est fort nombreuse, d'autant plus nombreuse qu'à l'exemple de Dupuytren, il donne ses soins avec autant d'attention au pauvre qu'au riche et qu'on l'a trouvé plus d'une fois se dépouillant de ses vêtements pour couvrir l'indigent qui venait lui demander les secours de son art. Cela n'empêche pas que le docteur X... ne soit un original, et chose étonnante, il est enchanté qu'on le lui dise.

J'ai aperçu aussi, caché derrière une porte, le

poète Z..., autre amateur forcené de musique, qui, non content de planer au milieu du chœur des anges, est, sur terre, à l'affût de tout son mélodieux.

Admirateur féroce des opéras italiens, des compositeurs italiens et des chanteurs italiens, il aurait le courage de vivre de pain sec et d'eau pendant des semaines entières pour entendre un fragment de musique italienne. Verdi surtout est son dieu, et il serait capable, comme le fanatique sectateur de Brahma, de se jeter sous les roues d'une charrette qui porterait non pas Verdi lui-même, mais une seule des partitions du célèbre maestro.

Le docteur X... et lui sont les deux grands promoteurs des concerts qui se donnent en ville, et pas un musicien, pas même un *pifferari*, ne passe par la ville sans qu'ils cherchent à organiser quelque chose à son profit.

Il faut, du reste, dans les petites villes quelques-uns de ces personnages aux allures un peu étranges, aux idées un peu extraordinaires pour faire sortir de temps en temps une population de la somnolence dans laquelle elle est plongée.

Un jour, ou plutôt une nuit, ce personnage trouve une idée; il la colporte, il la développe, il trouve des auditeurs, il se fait des adhérents, on élabore un projet, et ce projet devient un fait accompli souvent peu de jours après. C'est ainsi que s'organisent des bals, des soirées, des concerts, des cavalcades, etc.

A propos de cavalcade, je regrette infiniment de n'avoir pu assister à celle qui a été faite le 18 février dernier. On n'en parle plus à présent; mais on assure que, pendant tout un mois, cette fête a défrayé toutes les conversations. On était unanime, à ce qu'il paraît, à louer les jeunes gens de la ville et les jeunes officiers de la marine, de l'artillerie, etc., qui en avaient eu l'idée.

Quant aux malheureux auxquels on a distribué les fonds recueillis pendant la promenade, ils n'avaient qu'une voix pour remercier tous ceux qui se sont ainsi prêtés à cette bonne œuvre. Je trouve seulement qu'on n'a pas fait assez ressortir l'effet moral qu'une pareille fête a dû produire dans la population. Lorient n'est pas une ville où l'on s'affecte facilement, sans doute; il devait pourtant bien y avoir bon nombre de personnes atteintes de ce mal de la peur qui a fait fuir mon oncle, que cette distraction forcée a tirées momentanément de leurs alarmes; et les malades, ce me semble, ont dû diminuer d'autant.

Mais en voilà assez pour aujourd'hui, mon cher ami; souviens-toi de nos conventions. Je veux bien t'écrire, il est vrai, mais non pas des lettres suivies. Attends-toi donc pour d'autres fois à des extraits de mon journal de voyage.

Mes remarques, faites sans suite et au fur et à mesure qu'elles me passent par la tête, t'intéresseront peut-être davantage et ne m'obligeront pas à faire des phrases inutiles. Tu t'en trouveras bien et moi aussi.

A toi de cœur.

VIII.

Mai 1866.

Encore un peu moulu d'une charmante excursion faite à quelques kilomètres de Lorient, je veux, mon cher, causer avec toi durant dix minutes. Notre entretien roulera, comme d'habitude, sur la Bretagne, et, fidèle à ma promesse, je ne craindrai pas d'en dire tout le bien que j'en pense.

Cette excursion d'hier m'a permis de connaître la charmante ville de Quimperlé, ainsi que la belle forêt qui l'avoisine, et de voir de près une véritable assemblée bretonne.

Qu'est-ce qu'une assemblée?

C'est un quelque chose qui peut s'appeler fête champêtre, fête patronale, religieuse. C'est une sorte de promenade de Longchamps, à laquelle on se rend d'endroits différents dans un but fort peu déterminé d'avance, sinon celui de voir beaucoup de monde réuni sur le même point et de passer plusieurs heures à se promener.

La plus renommée de ces réunions, de ces assemblées, pour employer le mot consacré, est celle *des Oiseaux*, tenue à l'entrée d'une forêt considérable nommée, sauf l'orthographe que je me garde bien de garantir et pour cause, *Toulfouënne*. Cela veut dire quelque chose, mais je n'en sais rien, et beaucoup de Bas-Bretons n'en savent pas plus que moi.

Ainsi que son nom semble l'indiquer, ce devait être autrefois une simple foire où se vendaient, sinon exclusivement, du moins en majorité, des oiseaux de toute espèce. Ce qu'il y a de certain, c'est qu'aujourd'hui encore, en dépit des arrêtés des préfets, relatifs à la chasse, au colportage et à la vente des oiseaux, on vend et on achète, à la barbe des gardes-forestiers, des gardes-champêtres et des gendarmes, des gros et des petits becs, des corbeaux, des buses, des hiboux, des canaris, etc., assemblage de volatiles qui, livrés à leurs instincts naturels et mis en liberté, chercheraient immédiatement à vivre aux dépens les uns des autres, tout comme dans notre belle société.

La ville de Quimperlé, profitant de ce prétexte de foire pour exciter l'admiration des étrangers, se fait belle ce jour-là et ne craint pas d'employer mille artifices... qu'elle tire le soir sur la grande place, au son de la musique de l'artillerie de la marine de Lorient, accourue presque en entier à son invitation pour l'aider à paraître plus pimpante.

En la circonstance, la coquette a employé ses grands moyens de séduction; elle a fait arracher l'herbe qui croît dans ses rues avec une vigueur peu commune et a fait sabler la place qu'entourent ses monuments.

Le mot de monument n'est pas exagéré; il y a là un tribunal et un hôtel de la sous-préfecture qui ne seraient pas déplacés dans un chef-lieu de département et une fort curieuse église qui datait du VIe siècle, dit-on, quand elle était encore debout, mais qui, pour le quart d'heure, en est à se relever à grand'peine de ses ruines.

L'église de *Sainte-Croix* était pour toute la Bretagne une sorte de relique monumentale que le pays entier aimait et admirait. Le jour, jour néfaste, où elle s'affaissa brusquement sur elle-même, en s'entourant d'un voile de poussière déca-séculaire, la Bretagne entière poussa un cri de douleur.... et il fut résolu d'une commune voix que l'édifice écroulé se relèverait de ses cendres.

Il se relève en effet, mais cela ne va pas vite. Gens légers que nous sommes, nous oublions que nos pères mettaient des siècles pour construire leurs basiliques et nous voudrions voir les nôtres achevées en un clin d'œil!

Vapeur! vapeur! tu nous as gâtés.

Je maintiens l'épithète de coquette que j'ai donnée à Quimperlé. A défaut de glace ne se mire-t-elle pas dans l'eau du matin au soir, sans compter la nuit, quand il fait clair de lune? L'*Ellé* et l'*Isole*, deux charmantes rivières qui, un peu plus bas que la ville, viennent marier leurs eaux à celles de l'Océan, mariage dû à l'influence des marées, serpentent autour de la ville en baignant ses murs, et les bruits de leurs cascades animent les alentours de ses boulevards.

Revenons à *Toulfouënne*.

Que je te dise d'abord que, pour me véhiculer jusque là, j'ai eu à choisir un transport direct, soit une calèche allant en droiture de Lorient à la forêt, ou un transport par escale, soit le chemin de fer de Lorient à Quimperlé et une voiture de Quimperlé à Toulfouënne. Ce dernier mode de transport m'ayant souri, je l'ai employé de préférence au premier, et je suis arrivé à la forêt, comme presque tout le monde, bousculé dans la gare, écrasé dans les wagons et meurtri dans les omnibus.

Ah! et la poussière que j'oubliais de mentionner! Ingrat! C'est ce que l'on trouve en plus grande abondance sur la route pittoresque de Toulfouënne à la ville.

Arrivons à la forêt et asseyons-nous sur l'herbe, après avoir admiré l'élévation et la vigueur des arbres et avoir joui de la fraîcheur qu'on y respire.

Que voyons-nous?

Des gens affamés et altérés se pressant autour des cafés et des restaurants improvisés et allant étendre sur le gazon les victuailles qu'ils viennent de conquérir à prix d'argent ou que, plus prudents, ils ont apportées dans de vastes paniers, pendant qu'excités par les sons harmonieux... est-ce bien harmonieux?... va pour harmonieux... du biniou, les paysans et les paysannes s'abandonnent gracieusement à la danse.

Quand je dis danse, c'est par l'effet de l'habitude. En Bretagne, on danse surtout la ronde, sorte de farandole provençale qui consiste à se prendre par les mains, en entremêlant les sexes, et à agiter les jambes avec des mouvements plus ou moins réguliers.

Tu ne devinerais jamais ce qui m'a frappé le plus dans ces danses.

La variété des costumes? — Non.

La différence des idiômes? — Non.

La grâce et la légèreté des danseurs? — Non, non.

C'est le sérieux, oui, le sérieux imperturbable avec lequel tous ces braves gens-là se démènent et le silence obstiné qu'ils gardent pendant toute la durée de la ronde. Je n'aurais jamais cru que des garçons et des filles, tous plus ou moins jeunes, pussent se livrer à un exercice aussi excitant et gai de sa nature que la danse, sans causer et rire un peu; mais point.

Ce n'est pas ce qu'il y a de moins curieux dans ces mœurs exceptionnelles.

Pendant que le sentimental biniou..... (décidément j'aime mieux l'appeler sentimental qu'harmonieux) groupe avec succès les paysans et les paysannes, autour de la musique militaire de Lorient, commodément installée sur des bancs de bois, se pressent les habitants plus ou moins civilisés des villes voisines. Des quadrilles se forment, et les Dames qui faisaient l'hiver dernier les délices des salons, développent leurs grâces sur le vert tapis fourni par la nature.

Faunes et Dryades d'une heure, je vous aimerais bien mieux si vous ne sentiez pas tant la violette ou le tabac!

Je suis revenu de Toulfouënne comme j'y étais allé, éreinté, couvert de poussière, jurant tout bas de n'y plus retourner, mais disant à toutes mes connaissances que jamais de la vie je n'avais passé une journée plus agréable. Beaucoup de gens pensent comme moi, mais l'année prochaine ils feront le voyage de nouveau. Ainsi l'exigent le monde et le bon ton.

Parlez-moi de *Saint-Christophe !* Voilà qui est moins fatigant et tout aussi intéressant, au point de vue de l'hygiène.

Connais-tu l'histoire de saint Christophe? — Non. — Je vais, en ce cas, te la dire en deux mots.

Saint Christophe, un solitaire de je ne sais plus quel siècle, avait imaginé, pour se rendre utile à ses semblables, de vivre au bord d'une rivière et de transporter sur ses épaules, d'une rive à l'autre, tous les voyageurs qui se présenteraient pour franchir le gué.

Cela dit assez que le saint avait de larges épaules et les reins solides.

Un jour pourtant sa force fut mise en défaut. Un enfant, un tout petit enfant se montre sur les bords de la rivière. Christophe, trop heureux de remplir la mission qu'il s'était donnée, s'empresse de présenter son dos au jeune voyageur pour le transporter de l'autre côté, mais il paraît qu'il ne put se défendre, comparant la vigueur de ses muscles à la petitesse de l'enfant, d'un sentiment d'orgueil et, comme ce héros de Lafontaine qui portait un chargement d'éponges, il se précipite lestement dans l'eau. Mais bientôt il sent le poids de cet enfant augmenter; à chaque pas nouveau, la charge devient de plus en plus lourde, et il n'a pas atteint le milieu du courant qu'il sent ses jarrets, naguère si solides, fléchir honteusement. Enfin, n'en pouvant plus, il s'arrête chancelant, suant et tremblant.

Le coursier dont parle le fabuliste avait senti le même phénomène se produire sur son dos, mais c'était par un effet purement matériel, car ses éponges sèches tout-à-l'heure, s'étaient subitement imbibées. Il n'en était point ainsi pour le saint; l'enfant n'avait pas grossi d'un millimètre et il pesait de plus en plus.

— Que ceci te serve de leçon, dit tout-à-coup l'enfant au saint contrit et humilié... Si tu avais eu moins d'orgueil, tu n'aurais pas été puni.

Or, la légende ajoute que cet enfant n'était autre que Jésus lui-même, et que, le reconnaissant, le saint, trop heureux d'être châtié à ce prix, fut corrigé à jamais et continua à être un homme très-vigoureux, mais modeste.

Une chapelle a été érigée jadis à Kerentrech, sur le bord du Scorff, en l'honneur de saint Christophe, et chaque année, aux trois premiers lundis du mois de mai, on se rend en masse de la ville et des environs à cet antique sanctuaire, pour demander au saint la santé et pour *y prendre des forces*. On y conduit spécialement les enfants et il faut que le temps soit réellement bien mauvais pour qu'on hésite à faire ce petit pèlerinage.

Tu sais, mon cher, que je suis bien loin d'approuver sans réserve toutes les traditions religieuses avec lesquelles on a bercé notre enfance; mais quand j'en vois d'aussi naïves et d'aussi respectables que celle-là, j'y applaudis de grand cœur.

Je suis donc allé à St-Christophe *prendre* des forces, et entr'autres choses j'ai admiré la force que doit dépenser le brave curé qui récite pendant plusieurs heures de suite des évangiles, et étend les mains sur la tête des enfants qu'on lui présente. Il fait là un véritable tour de force.

Je ne pourrais préciser de quelle époque est la chapelle dont je viens de te parler. Ses arcades intérieures sont ogivales, sa porte est romane..., quant au clocher.... une vraie cage à poule, en bois... construite pour tenir la place de la flèche, qu'un ouragan quelconque a abattue il y a quelques années....

A tous égards, il vaudrait beaucoup mieux qu'on n'eût rien mis du tout.... c'eût été bien moins affligeant pour le regard.

Je dirai tout autre chose de la nouvelle paroisse qu'on a élevée, il y a une douzaine d'années, sur la grand'route de Brest. C'est joli, c'est coquet, le clocher dit au loin ce qu'est l'édifice.... Quand un ou deux siècles auront passé sur lui, un archéologue.... ignorant pourra croire qu'il est du XIIIe ou XIVe siècle.

Mais, si l'église est remarquable à plus d'un titre, on n'en dira pas autant de certaines statues qu'on y a introduites depuis peu. Pauvre saint Christophe.... a-t-il l'air malheureux de se trouver ainsi fait.

Si jamais j'ai besoin de me faire l'idée d'Esope, j'irai examiner de près ce spécimen de la statuaire lorientaise.

Mais je vois que cette lettre soi-disant lorientaise ne dit pas un mot de Lorient. Je suis trop avancé pour commencer à présent. Ce sera donc pour une autre fois.

Tibi.

IX.

Juin 1866.

La bonne petite ville que Lorient, mon très-cher, et comme je voudrais être Lorientais si je n'étais Parisien! Quelle union, quelle fraternité entre tous les membres de cette urbaine famille, quelle entente cordiale, quels épanchements, quel désir de se complaire mutuellement et quel désintéressement quand il s'agit de services à se rendre.

Combien de fois dans les villes de troisième et de quatrième ordre n'a-t-on pas vu les sommités locales vivre en état permanent de brouille, cherchant à l'envi l'occasion de se contrarier à propos d'une fête, d'un bal, d'un concert, d'une cérémonie quelconque! Combien de fois surtout n'a-t-on pas vu les séances du conseil municipal servir de prétexte à des oppositions sourdes, à des personnalités, à des invectives, à des rixes mêmes!

Mais à Lorient, ah! il n'en est pas ainsi.

Sympathiques les uns aux autres comme autant de frères siamois, on voit ces personnages éminents, toujours prêts à se faire toutes les concessions possibles, se soutenir les uns les autres, pour mener à bien leurs petites affaires.

Passe-moi la rhubarbe et je te passerai le séné. Et séné et rhûbarbe sont passés avec tant d'empressement et de courtoisie, que le bon public qui assiste de loin aux débats, mais qui n'en entend pas un mot, finit par se dire:

« Pour que nos gens éclairés soient si bien d'accord, il faut que la chose en question soit d'une clarté évidente, et que son importance soit incontestablement démontrée. » Et le petit donne son adhésion à tout ce que fait le grand.

Eh! mon Dieu, ces Messieurs ont raison! Pourquoi diable! ne songeraient-ils pas un peu à leurs propres affaires tout en travaillant à celles de la cité... Il n'est pas défendu de penser un peu à soi en s'occupant des autres... et voilà l'explication de cette grande fraternité, de cette concorde parfaite qui excite mon admiration.

Exemple : Supposons que la municipalité ait une économie de 30,000 fr. à utiliser.... on le sait en ville et on en jase.

On pourrait, par exemple, s'occuper de l'élargissement ou de la rectification des chemins vicinaux, de la création de nouvelles salles d'asile, du pavage de certaines rues, de l'éclairage de quelques promenades, de l'agrandissement du cimetière... « Pas si bêtes... disent quelques-uns des plus connus, il faut combler les marais qui avoisinent notre port de commerce, jeter beaucoup de terre dans ces trous, et sur ces trous, devenus de beaux terrains à bâtir, élever notre nouvelle ville... Puisqu'on ne veut pas démolir nos remparts et que nous étouffons dans notre trop étroite enceinte, bâtissons et bâtissons encore là où nous pourrons construire.... D'ailleurs nous assainirons ainsi cette partie de la cité, et la population nous criera *bravo* !!» et avec un ensemble touchant, ils votent le comblement des vases.

Dans une autre ville, port de mer comme Lorient, on eût peut-être cherché à creuser ces mêmes vases ; on eût tenté d'y faire un bassin gigantesque, capable de contenir les plus grands vaisseaux du monde, mais... mais... les intérêts de M. tel ou tel, que seraient-ils devenus ?

Diable ! vive la prospérité publique, mais après la prospérité privée.... Que notre ville devienne florissante.... mais que notre fortune s'arrondisse d'abord.

Et voilà, mon cher, comment, en s'entendant un peu, il est possible de mettre les mains aux affaires de son pays, sans négliger les siennes et surtout sans avoir l'air d'y toucher.

Sans y penser, tout-à-l'heure j'ai écrit le mot de *démolition de remparts* : j'ai été entraîné, sans y prendre garde, à répéter ce qui depuis quelques jours se dit sur tous les tons.

Tu sais depuis longtemps que Lorient, en sa qualité de place forte, est entouré d'une ceinture de fortifications. Dieu me préserve de me mêler en rien ni pour rien de cette question purement militaire, au sujet de laquelle je suis d'une ignorance absolue. Qu'il me soit seulement permis de te dire que nos bons Lorientais sont depuis quelques jours sens dessus dessous au sujet de leurs bastions, de leurs tours, de leurs courtines et de leurs zônes. Il paraît qu'un grand nombre d'entr'eux signent une pétition, que je n'ai pas vue, mais qu'on dit très-correctement écrite, ce qu'on ne fait pas toujours quand il s'agit de pièces du même genre.

Cette unanimité touchante dont je te parlais tout-à-l'heure se rencontrera-t-elle dans cette occasion comme dans toutes les autres ? On prétend que non, et voici pourquoi :

Deux opinions sont en présence, au sujet de l'agrandissement et de l'avenir de Lorient.

Selon les uns, la ville, maritime avant tout, doit se développer au bord de l'eau, s'étendre tout le long de la grève et prolonger ses quais et ses maisons à proximité de la rade.

Cette opinion est prônée par les partisans des vases et des terrains à combler.

Leurs opposants prétendent que bien décidément les Lorientais ne veulent ni de la rade, ni des vases, ni des terrains mobiles; qu'au contraire, ils sont poussés, entraînés vers la terre ferme, dans la direction que leur indique le cours Chazelles et le faubourg de Kerentrech. Que dès lors il faut jeter bas les fortifications, démolir les portes, construire de belles rangées de maisons tout le long du cours Chazelles et se hâter de faire de la ville et du faubourg un tout qui puisse porter publiquement la qualification de ville.

Toute la question est là.

Qui l'emportera des deux partis? Je n'en sais rien et j'hésite à me prononcer. Il est incontestable que si j'étais intéressé dans la question des vases, je me démènerais de mon mieux pour la faire prévaloir, mais par contre, si j'avais des terrains dans une des trois zônes, je ferais une propagande féroce en faveur de la terre ferme.

Au fait, les partisans de l'une ou de l'autre opinion n'ont peut-être pas d'autre mobile.

Restent les neutres... ah ! ceux-là sont toujours

difficiles à émouvoir, et ils sont si nombreux, même à Lorient !

Au fond, je crois qu'on a raison de se tourner vers le cours Chazelles.

Le cours Chazelles serait une promenade très-agréable si on pouvait s'y promener. Les allées sont bien sablées, la chaussée est solidement macadamisée, les arbres en sont touffus et les bancs n'y manquent pas.. Mais voilà le diantre ! Quand on veut s'y asseoir un instant, on sent des frissons parcourir tout le corps et on se relève bien vite, de crainte d'une fluxion de poitrine ou tout au moins d'un rhume soigné. Ah ! comme ce serait différent si, à droite et à gauche, on avait deux hautes rangées de maisons ! Mais le génie militaire ne le veut pas...

Quel malheur que les propriétaires des vases dont je viens de parler ne soient pas aussi propriétaires de ces terrains ! Je gagerais quelque chose qu'ils se remueraient alors un peu plus qu'ils ne font aujourd'hui...

(*Extraits de mon journal de Voyage.*)

*** Je constate avec bonheur que les chiens errants diminuent d'une manière sensible. — Je suis persuadé que la police y est pour quelque chose, mais mon oncle prétend que tous ceux qui ont disparu sont tout simplement morts de faim.

*** Depuis quinze jours le faubourg de Merville est dans la jubilation : trois fois par semaine ses habitants sont réveillés par les nombreuses détonations des canons que l'on tire au polygone. Nous aimons l'odeur de la poudre, ô valeureux Français que nous sommes, et d'ailleurs un savant a prouvé que les décharges d'artillerie purifient l'atmosphère. Et voilà pourquoi Merville est le quartier le plus malsain de la commune de Lorient. O savants, vous n'en faites jamais d'autres.

*** Le faubourg de Kerentrech, qui compte une population de 9,500 âmes environ, réclame depuis longtemps l'établissement d'un marché. Ses habitants prétendent avec juste raison que payant leur part d'impôts comme les urbains, ils ont aussi bien que les citadins le droit de jouir de quelques avantages. Les obliger à parcourir un ou deux kilomètres deux fois par semaine, lorsqu'ils pourraient s'en dispenser, si on faisait pour le faubourg ce qu'on fait pour la ville, leur paraît une chose injuste.

Pourquoi la municipalité n'essaierait-elle pas de leur octroyer ce qu'ils demandent? S'il s'agissait de construire une halle ou d'élever des hangars chauds l'hiver et frais l'été, on comprendrait son hésitation; mais quand il ne s'agit que d'un marché à la viande et aux légumes, tenu en plein air, je ne vois pas ce qu'on a à craindre.

Que la ville soit affamée et que les paysans renoncent désormais à porter leurs denrées en ville?

Allons donc! les paysans connaissent la valeur des gros sous, et si la ville paie mieux que le faubourg, ils déserteront sans vergogne le faubourg pour la ville. Kerentrech, à mon avis, n'a qu'un tort, c'est de demander son marché trop timidement. De l'audace, de l'audace, de l'audace. Il n'y a que cela dans ce monde.

⁂ Le *Soleil* du 16 du courant a daigné s'occuper d'un des journaux de la localité, le *Courrier de Bretagne*. (Cela prouve que cette feuille a au moins un lecteur à Paris).

« Le *Courrier de Bretagne* du 13 juin, dit le *Soleil*, annonce, sous le titre de *Nouvelles d'intérêt maritime*, que Madame la marquise de Chasseloup-Laubat, femme de S. Exc. M. le Ministre de la marine, est heureusement accouchée d'un garçon. C'est peut-être pousser un peu loin la préoccupation *maritime*. »

Farceur de..... *Soleil*, va !

⁂ Depuis plusieurs mois, les candidats à la direction du théâtre attendent que le conseil municipal s'occupe d'eux. C'est les faire attendre outre *mesure*, s'ils ne sont pas tenus à donner de l'opéra. C'est les *balancer* trop longtemps pour des gens qui certainement ne donneront pas de ballets.

Un candidat propose et les conseillers municipaux disent : Pose !

On demande une solution.

De crainte de mal faire, je m'arrête sur ce jeu de mots.

A toi de cœur.

X.

Août 1866.

Pour la première fois, depuis que je suis à Lorient, je viens, mon très-cher, de parcourir en tous sens et de visiter en détail la nouvelle ville.

— Diable ! vas-tu me dire peut-être, tu as tardé bien longtemps à faire cette promenade; Lorient, de ton propre avis, n'est cependant pas tellement grand qu'on ne le puisse voir dans une journée, et depuis tantôt un an tu habites cette charmante résidence.

Voilà bien comme tu es et comme nous sommes tous, Parisiens modernes ! Nous voulons savoir ce que pense un homme avant qu'il ait ouvert la bouche, et quand le facteur nous apporte une lettre, nous prétendons savoir ce qu'elle renferme avant de l'avoir décachetée. Patience, patience donc et tu vas voir.

Quand je suis arrivé à Lorient, au mois de septembre dernier, la nouvelle ville n'existait pas.... Bien plus, on ne songeait presque pas à elle, et c'est dans le domaine des utopies et des invraisemblances qu'elle était reléguée.

Mais que de chemin parcouru depuis? Juges-en. La nouvelle ville, comprise entre le Bassin du Commerce au nord, la rade à l'est, Carnel au midi et l'étang du Faouëdic à l'ouest, couvre une superficie presque aussi considérable que celle qu'occupe la vieille ville. Les rues en sont larges et tirées au cordeau; une place gigantesque, la *place Rohan*, en occupe le centre.

Derrière cette place, encadrée de maisons monumentales, à côté desquelles les constructions de la rue de Rivoli ne sont rien, s'élève une église splendide, aux nefs larges, à la voûte hardie et que surmonte une flèche, à côté de laquelle les tours de Notre-Dame paraîtraient de simples cheminées. Les rues qui avoisinent ce sanctuaire portent des noms en rapport avec l'édifice : ce sont les rues Sainte-Anne et Sainte-Marie; mais les voies qui, courant de l'est à l'ouest, suivent la même direction que le Bassin du Commerce, se nomment rue de Brest et de Toulon. Cela devait être. Les autres rues principales s'appellent : du Pont-Tournant, d'Aiguillon, de la Belle-Fontaine, Perrault (ce n'est pas l'auteur de Peau-d'Ane) et de la Plaine. — Pourquoi la Plaine? Je n'en sais rien, à moins toutefois que ce ne soit en souvenir d'un ancien intendant de ce nom.

A l'ouest, le boulevard du Faouëdic fait un heureux pendant au cours Chazelles, et à l'est, le boulevard Ferrand, ainsi nommé en souvenir du second maire de Lorient — deuxième ville, deuxième maire, — court le long de la grève où meurent deux fois en vingt-quatre heures les flots de l'Océan mariés à ceux du Blavet et du Scorff.

Bref, la nouvelle ville est admirable, vue... sur le papier.

Hélas oui, très-cher, ces nouveaux qnartiers si beaux, si prospères, n'existent que sur le papier et dans l'imagination plus légère encore de quelques Lorientais.

« On demande la démolition de nos remparts et la suppression des servitudes militaires, se sont écriés quelques fortunés habitants de cette ville ; faisons diversion et donnons aux idées un cours tout différent. On veut agrandir la ville au nord, bâtissons-en une au sud ; on demande une église à la place du rempart, élevons-en une sur les terrains cachés maintenant sous l'eau ; prouvons aux amis du progrès que nous sommes plus avancés qu'eux et mettons en vente nos terrains. »

Aussitôt fait que dit... un plan se lève, s'imprime, se débite, et la galerie crie bravo !

On pourrait dire à ces Messieurs, par exemple : C'est fort beau de bâtir, mais comme les Lorientais ne sont pas précisément des canards, ils aiment peu à vivre sur l'eau et dans la vase. — Il est douteux que, placée entre l'étang du Fouëdic, de pestilentielle réputation, le cimetière et la grève où pourrissent annuellement des milliers de bigorneaux, votre ville soit d'une salubrité parfaite : il est permis de craindre que, posée en équilibre sur un fond de vase, dans lequel la sonde ne rencontre de résistance qu'à 10 mètres de profondeur, votre ville ne s'enfonce peu à peu, comme ce voyageur imprudent dont parle Victor Hugo dans ses *Misérables*, et qu'avant peu on entre de plein-pied dans les maisons par les fenêtres du troisième étage... Peu importe, diront-ils, nos terrains auront été bien vendus et nos enfants seront millionnaires.

Tu comprends, mon cher, qu'il n'y a rien à répondre à de pareils arguments, qu'un mot dans le genre de celui-ci : Votre nouvelle ville est charmante sur le plan... je parie cent sous qu'elle restera... en plan, et si vous émettez des actions... pour la bâtir... je dirai que vous en faites une très-mauvaise.

Eloignons-nous de ces marais d'où s'exhale une odeur à faire tomber en syncope, et parlons d'autre chose.

Faut de la vertu, dit la chanson, mais *pas*

trop n'en faut. Voilà justement ce que vient d'oublier le génie militaire de Lorient.

La porte du Morbihan, l'an passé encore, était fort laide. Pour les besoins de la défense, elle était cachée par un *masque* hideux qui ne laissait voir ni sa bouche ni ses yeux ; on n'y arrivait que par une meurtrière étroite, ainsi que le disait le journal le plus spirituel de la contrée ; elle était impraticable parfois, incommode et dangereuse toujours.

Cédant aux sollicitations réitérées de la presse et de la municipalité, le génie s'est décidé, avec les beaux et bons deniers de la ville, à mettre enfin bon ordre à tout cela. Le masque est tombé, et après de notables réparations qui ont duré on ne sait plus combien de mois, on a eu une porte qui ressemble presque à un arc-de-triomphe. Une des deux portes latérales était bouchée à chaux et à sable, on l'a ouverte ; la chaussée était impraticable, on l'a réparée, bordée de trottoirs asphaltés ; à la place du masque noir on a mis un square plein de fleurs ; un seul réverbère s'allumait la nuit, on a posé deux candélabres superbes.... que sais-je ! Tout le monde battait des mains, et la joie a tourné au délire quand on a vu les armes de la Bretagne d'un côté, et celles de la ville de l'autre, dominer en deçà et en delà l'entablement de la porte.

Le génie, content de son œuvre, s'est écrié, comme les enfants de Cham : « Elevons un monument durable qui perpétue notre gloire. » Et cela dit, il a fait fondre, peindre et placer, sous l'écusson sculpté représentant les armes de la Bretagne, une plaque avec ces mots :

PORTE DU MORBIHAN
construite en 1758,
RÉORGANISÉE EN 1866.

Je gage quelque chose, très-cher, que ce n'est pas l'Académie des inscriptions et belles-lettres qui a fourni l'inscription.

Si le génie avait écrit tout cela en latin, peu de gens l'auraient compris, et on l'eût trouvé charmant, mais le dire en français et en de pareils termes !....

C'est tout simplement maltraiter le génie... de la langue française.

Ce qui me console un peu, c'est que les remparts devant être démolis dans un délai plus ou moins prochain, la porte suivra le sort des remparts, et évidemment la plaque suivra le destin de la porte. Dans ce monde tout se suit, tout s'enchaîne.

Je pleure d'avance sur la fin de la plaque commémorative.

Je continue par quelques nouvelles toutes locales. Je sais que cela t'intéresse autant que si tu étais Lorientais pur sang, et cela m'amuse. De plus, je ne fais de mal à personne, c'est l'essentiel.

*** Il y a en permanence, sur la place Bisson, un dentiste qui exerce en même temps la profession de pédicure. Grande leçon philosophique; sur notre globe, les extrêmes se touchent... la même main arrache les dents et extrait les cors... les dents qui tombent et les cors qui viennent avec l'âge...

*** L'hospice de la ville vient de se badigeonner du haut en bas et de se revêtir d'une chemise propre. Cela fait plaisir à voir... de loin.

*** On va très-prochainement reconstruire le collège. Les nouveaux bancs seront-ils moins durs et le pain plus tendre? Les professeurs sont *trop au lycée* pour ne pas répondre.

La cuisinière de mon oncle vient de m'avertir que le dîner est servi, et je te quitte, mon cher, pour aller me mettre à table, car j'ai grand faim.

Ce sera, comme disent les petits journaux de Paris, le mot de la *fin*.

Adieu, *cave ne cadas*.

XI.

Octobre 1866.

Bien des fois déjà, mon très-cher, tu as assisté à des feux d'artifice; tu en as vu même de très-beaux, un Parisien de ton espèce se gardant bien chaque année de manquer au rendez-vous que le célèbre *Ruggieri* donne, à la barrière du Trône, aux 1600 et quelques mille habitants de l'antique Lutèce qui peuvent ce jour là quitter leurs maisons.

Mais si tu as vu souvent des feux d'artifice, je doute que tu aies assisté une seule fois à un tir de nuit.

— Qu'est-ce, vas-tu me dire, qu'un tir de nuit?

— Voici, cher. Tu n'ignores pas, car je crois te l'avoir dit dans une de mes premières lettres, que Lorient possède une école d'artillerie. Que le régiment auquel cette école est spécialement destinée appartienne au ministère de la marine et des colonies, peu importe; l'instruction qui lui est donnée est, à peu de chose près, identique à celle que reçoivent les régiments d'artillerie de terre.

Or, chaque année, pendant les mois dits de belle saison, de juin à septembre, les différentes batteries qui composent le régiment en garnison à Lorient se livrent, trois fois par semaine, à des études pratiques de tir au canon, indépendamment des autres exercices dont je ne veux pas m'occuper, dans une enceinte réservée, située au S.-O. de la ville et à 1500 mètres environ de ses murs. Cette enceinte se nomme le *Polygone.*

Je ne te dirai pas combien de milliers de coups de canon se tirent dans ces trois mois, combien de kilos de poudre se brûlent et combien de gabions sont démolis, je n'en sais rien; ce que je sais mieux et ce qu'affirment les personnes les plus compétentes, c'est qu'après ces trois mois d'instruction, ces hommes, qui un an auparavant n'étaient souvent que des paysans grossiers ou des ouvriers très-ordinaires, sont devenus de très-beaux soldats, à la tournure martiale, maniant les pièces d'artillerie avec une précision mathématique et atteignant souvent avec une adresse merveilleuse la cible et les poteaux qu'on leur montre à six cents mètres de distance.

Tu ne t'imagines pas ce que c'est pour le régiment tout entier que d'avoir enfoncé le tonneau.

Le tonneau, ainsi que son nom le dit suffisamment, est une futaille destinée à servir de but aux batteries d'obusiers. Il s'agit tout simplement de placer son mortier de telle façon que la bombe lancée par la pièce tombe dans ce tonneau. Remarque bien que ce tonneau ne peut pas du tout se voir de l'endroit où se trouve placé le mortier, et que c'est uniquement au moyen de poteaux et de jalons placés de certaines façons qu'on sait dans quelle direction et à quelle distance le projectile doit être envoyé.

Eh bien, mon cher, ce qui nous paraît à toi et à moi presque impossible, n'est pas grand chose pour nos adroits artilleurs; souvent, très-souvent même, le tonneau est défoncé aussi proprement que s'il avait subi cette opération de la main d'un tonnelier.

Naturellement, c'est un signal de fête qui vient d'être donné; les exercices sont immédiatement suspendus, des hommes parcourent les environs du polygone, en quête de fleurs et de verdure, la musique du régiment est mandée; le tonneau défoncé est placé sur une prolonge décorée de branchage et de verdure, l'artilleur vainqueur monte sur la prolonge en compagnie du sous-officier chef de pièce, et le convoi, composé du régiment tout entier, se met en marche et rentre en grande pompe dans la ville.

De droit, toutes les punitions encourues par les hommes du régiment sont levées, et l'artilleur, héros de la journée, reçoit du colonel et de son capitaine une récompense qu'il partage d'habitude généreusement avec ses camarades.

Eh bien, ce tir qui s'est exécuté régulièrement trois fois par semaine a lieu une fois la nuit, à la suite de l'inspection générale qui ordinairement est terminée aux approches de la fête de la *Victoire.*

A peu de choses près, tout se passe comme d'habitude; obus et batteries de position, pièces de campagne, etc., tirent comme à l'ordinaire. On ne supprime, je crois, que le tir de la batterie de mer; mais on a en plus, à la fin de l'exercice, un feu d'artifice auquel la ville tout entière ne manque pas de venir assister.

Plusieurs jours d'avance on s'occupe, cela va sans dire, de cette fête pyrotechnique, et quand le moment est arrivé, une émigration en masse s'opère hors des murs de la ville. Bourgeois et employés, civils et militaires, hommes et femmes, riches et pauvres, grands et petits, tout le monde va au polygone; il ne reste littéralement en ville que les écloppés, les malades et les femmes en couches, et ceux, bien entendu, qui soignent les femmes en couches, les malades et les éclopés; les enfants à la mamelle sont même de la partie, et chose surprenante, ils supportent le bruit des détonations de ces pièces d'artillerie qui n'a rien d'agréable, avec un calme vraiment magnifique.

Ne me trouvant dans aucune des trois catégories spécifiées plus haut, j'ai fait comme les autres hier soir, et j'ai vu de près le tir de nuit et le feu d'artifice. J'ajoute que j'en suis enchanté et je m'empresse de te dire que tout s'est passé avec un ordre parfait.

Nos artilleurs ont fourni des preuves de leur habileté, car plusieurs blancs, m'assure-t-on, ont été abattus. Si quelques pièces d'artifice ont pris feu difficilement, il ne faut en accuser que le temps qui, dans la journée, avait été pluvieux.

La population a laissé éclater dans cette circonstance sa gaieté et son entrain habituels, et s'il y a eu quelques poussées par ci par là, je soupçonne les grisettes à l'adresse de qui elles étaient organisées de s'en être un peu rendues complices. Les trompettes avaient cessé de retentir depuis longtemps que les rues étaient encore pleines de monde. Les Lorientais ont cela de bon que lorsqu'ils font tant que de sortir de chez eux, ils n'y rentrent pas vite. Et ils ont bien raison : le mouvement c'est la vie, le repos c'est la mort.

Peut-être, dans une prochaine lettre, te parlerai-je de la fête de la Victoire, que nous célébrons demain. En attendant, voici ce que je lis à ce sujet dans un journal de la ville :

« Nous apprenons avec une vive satisfaction que le conseil municipal de notre ville vient de voter des fonds pour la fête de *Notre-Dame-des-Victoires*.

Déjà, l'année dernière, la municipalité avait organisé, à l'occasion de ce grand anniversaire, des jeux et des divertissements qui, malgré leur simplicité un peu primitive, obtinrent auprès de la population un immense succès. Nous pensons qu'il y aura progrès cette année et que le *Pardon de la Victoire* sera célébré avec un éclat digne de notre ville. »

L'idée qui me vint à l'esprit, en lisant cet article, fut que la ville, dont les revenus ont été en 1865 de 830,000 fr. environ, allait dépenser cinq ou six mille francs au moins pour faire les choses d'une manière décente.

Elle dépensera *cent cinquante* francs !

On compte sur l'enthousiasme public pour suppléer à tout ce qui manquera.

Franchement, on ferait mieux d'ajouter cette somme aux 30,000 francs qu'on a demandés pour combler une partie des vases.

On pourrait ainsi jeter environ 200 mètres cubes de décombres de plus dans l'eau... et cela profiterait au moins aux fondateurs de la nouvelle ville.

A titre de renseignement et pour te donner une idée de la couleur locale, je t'envoie la copie textuelle de l'affiche, dressée conformément aux instructions des Ediles.

VILLE DE LORIENT

PROGRAMME

DES

RÉJOUISSANCES PUBLIQUES.

qui auront lieu

LE DIMANCHE 7 OCTOBRE 1866

A L'OCCASION DE LA FÊTE ANNIVERSAIRE DE

NOTRE-DAME-DES-VICTOIRES

A 2 HEURES

JEUX DE TOURNIQUET

SUIVIS

DES JEUX DU BAQUET RUSSE

Avec prix

SUR LA PLACE NAPOLÉON

Dans la soirée, GRANDES DANSES PUBLIQUES au Biniou

A 8 HEURES

RETRAITE AUX FLAMBEAUX, par la Musique du 10e de Ligne

Dimanche et Lundi

SPECTACLE EXTRAORDINAIRE

N'est-ce pas que cette affiche est bien faite pour attraper les gens? C'est exactement l'annonce d'un hercule forain qui promet de soulever des fardeaux dignes de Milon de Crotone, et qui soulève ensuite une puce.

Cette danse au biniou m'enchante. Quoi ! l'on voudrait proscrire de nos murs, pour le reléguer au fond des bois, en compagnie des renards et des loups, cet instrument qui a fait sauter nos pères ! Non pas ! tant qu'il restera une paire de guêtres en Bretagne, il faut que le biniou lui tienne compagnie.

Montrons aux étrangers qu'il nous reste quelque chose de breton et en avant *Lanigous, gous, gous.*

Voilà quelque chose qu'à coup sûr Paris n'enviera pas à la province.

Maintenant, laisse-moi te transcrire quelques-unes des réflexions que j'ai mentionnées ces jours derniers sur le cahier dont je te destine la primeur.

Cela t'intéressera peut-être.

— *Le mari doit protection à sa femme*, voilà qui est clair.

Ce qui est non moins clair, c'est que beaucoup de maris de la classe ouvrière l'oublient dans maintes circonstances... entr'autres lorsqu'ils ont fait des stations prolongées dans les débits et les auberges.

Comme la raison du plus fort est toujours la meilleure, les voisins qui voient ou entendent de quelle façon ces mêmes maris protègent leurs femmes se gardent bien de le trouver mauvais. Le mari frappe, la femme crie et les assistants rient.

Ces derniers rient bien plus fort lorsque c'est la femme qui tape et l'homme qui pleure.

Le premier cas se produit quand l'homme peut tenir encore sur ses jambes; le second se montre lorsque le malheureux ivrogne ne tient pas même sur son séant.

Un jour, spectateur malgré moi d'une scène de ce genre, je trouvais mauvais de ne pas voir intervenir la police.

Bah ! me dit quelqu'un, si la police se mêlait des questions matrimoniales, elle n'y pourrait suffire. D'ailleurs, à quoi bon? Les naissances ne vont-elles pas toujours croissant en Bretagne?

Le phénomène qui se produit dans l'atmosphère a également lieu dans les ménages : après la pluie vient le beau temps.

Et voilà pourquoi, dans ce pays-ci, l'on rit toutes les fois qu'un mari bat sa femme, *et vice versâ.*

⁂ La chasse doit être ouverte, me dis-tu dans ta dernière lettre; achète-moi quelques lièvres; on m'assure qu'en Bretagne ils se vendent à peine 10 sous pièce.

Ah! pauvre ami, dix sous!... oui, il y a trente ans, mais à présent ils se vendent plus cher sur tous les marchés de la Bretagne qu'à Paris. Et il en est de cela comme de tout le reste.

La province avait autrefois le bon esprit de se suffire; aujourd'hui, voulant tout tirer de Paris, elle envoie tout à Paris. Voilà un des bénéfices les plus nets de la centralisation. Cela profite... à Paris, aux dépens de la province. Et dire qu'il y a bon nombre de Provinciaux qui ne jurent que par Paris! Ils ont bien raison en effet. Exemple : les lièvres.

*** Tu connais très-incontestablement les fameux vers de la *Dame blanche* :

Chez les montagnards écossais
L'hospitalité se donne
Et ne se vend jamais.

Il est possible qu'en Bretagne on soit hébergé dans l'occasion gratis ; mais les cabaretiers et aubergistes de Lorient ont la précaution de vous avertir que cela ne se passe pas ainsi habituellement.

Si en Provence les gargotiers mettent ordinairement sur leur porte :

ON DONNE A BOIRE ET A MANGER,

Si en Languedoc on lit sur le seuil des mêmes établissements :

ON SERT A BOIRE ET A MANGER,

En revanche, tous les cabarets et menus restaurants de Lorient ont invariablement l'enseigne suivante :

ICI

ON VEND

A

BOIRE

ET

A MANGER.

Voilà qui est précis... pas moyen de se croire en Ecosse.

J'aime bien mieux, au point de vue de la poésie, cette inscription qu'on trouve à la porte d'autres établissements :

ICI

ON TREMPE LA SOUPE

ET

ON TROUVE DU FRICOT

LE SOIR.

Voilà du moins qui sent la civilisation.

On sait bien qu'il faut payer deux ou trois sous pour avoir une bonne écuellée de bouillon gras aux choux et aux carottes, mais on n'est pas pris à la gorge... comme par l'autre enseigne. A quoi en arriverait-on si tous les marchands rappelaient constamment qu'ils ne livrent rien sans argent?

Nous sommes plus avancés que cela à Paris ; il y en a beaucoup qui donnent... à crédit. Ceux-là au moins prennent les intérêts... de leurs clients.

Je m'arrête à temps pour ne pas faire de calembourgs. Je tiens à conserver la réputation d'homme d'esprit que nous m'avons faite de toi à moi ; les gens soi-disant sensés prétendent qu'il n'y a que les imbéciles qui soient en état de faire des jeux de mots. A ce compte-là, de quoi sont donc capables les gens d'esprit ?

Adieu et à bientôt !

XII.

Décembre 1866.

Grande rumeur dans la ville, mon très-cher.

La bibliothèque est ouverte de jour, elle est ouverte de nuit.

Menteur que je suis! Dans une précédente lettre que tu as sans doute conservée, je prétendais que la porte de cet établissement littéraire était constamment fermée et que la clé ne sortait de la poche de son conservateur que juste assez de temps pour empêcher la serrure de se rouiller tout-à-fait.

Si le bibliothécaire, au lieu d'être un homme d'esprit, comme on me l'assure, n'avait été qu'un homme aux idées étroites, il aurait pu se formaliser de mon appréciation première et m'attaquer en diffamation; mais il a eu le bon esprit de se taire; bien mieux que cela, pour me mettre tout-à-fait dans mon tort, il a demandé que le public fût admis à lire et à feuilleter les livres qu'il défend contre la poussière et les toiles d'araignées, non seulement à la clarté du soleil, mais encore à la lueur des lampes.

C'est bien fait et je rends les armes à une manière aussi courtoise de procéder.

Il serait à désirer que les fonctionnaires, à quelque degré qu'ils appartiennent, qui sont chargés de l'entretien du bassin de commerce suivissent un si bel exemple. Si, tenant un peu compte des plaintes plus que fondées qu'on articule de tous les côtés, ils faisaient placer une barrière quelconque, ne serait-ce qu'une simple chaîne, sur les deux rives de ce bassin, on ne verrait pas la presse locale enregistrer journellement des séries d'accidents plus regrettables les uns que les autres.

On croit sans doute avoir beaucoup fait en remplaçant les portes-écluses que jadis on voyait continuellement ouvertes et pour cause, puisqu'elles s'en allaient en lambeaux, par des portes neuves qui ne laissent passer l'eau qu'autant qu'on veut et qui permettent ainsi de conserver ce canal régulièrement plein. Qu'a-t-on gagné à cela?

Jadis, les navires étaient à sec quand la mer baissait et que les émanations nauséabondes prenaient à la gorge les gens que leurs affaires appelaient dans le quartier; mais alors aussi la vue de ce gouffre béant était perceptible même pour les myopes, la nuit comme le jour, et l'on pouvait y choir moins facilement.

A présent, les bricks et les goëlettes, les chaloupes et les lougres, quand il y en a, se balancent agréablement sur l'onde, au souffle du S.-O., sans crainte de voir leur doublage terni par la vase du fond, mais en revanche, les gens pressés ou avinés et les personnes à la vue courte y tombent comme s'ils le faisaient exprès.

Mais comme Lorient est avant tout la ville libre, qu'on y laisse faire tout ce qu'on veut et que pour un grand nombre d'habitants la ligne de conduite est réglée sur ce mot : ça ne me regarde pas, on laisse les gens se noyer tout à leur aise. Et ceux-ci n'auraient pas beaucoup de peine à en arriver là, si d'autres individus ne connaissaient et ne mettaient en pratique les préceptes de l'évangile. L'amour du prochain se retrouve encore dans le cœur de certains hommes.

Après cela, je suis bien bon de t'entretenir de choses qui ne nous intéressent que médiocrement, puisque nous ne sommes lorientais ni l'un ni l'autre. Que t'importerait encore la création du comptoir de la Banque de France, que beaucoup de petits commerçants attendent avec une vive impatience, d'abord parce qu'ils en ont besoin, et ensuite parce qu'on le leur a promis sur tous les tons?

Je sais bien qu'il n'y a pas mal de personnes qui se soucient autant de la Banque de France que de l'an quarante et qui n'éprouvent pas la plus légère insomnie à l'idée que le comptoir attendu n'arrive pas. Mais il y en a d'autres qu'on verrait fort aises de posséder cette succursale qui, à un moment donné, pourrait leur être très-utile.

Qui sait? peut-être y en a-t-il quelques-uns aussi qui voudraient qu'on ne l'implantât jamais dans ces parages. Eh! eh! Madame la Banque de France fait une sérieuse concurrence aux hommes d'argent... Si l'on pouvait étouffer l'aiglon dans son œuf!...

Bon! de quoi diable vais-je m'occuper? Qu'est-ce que cela te fait... et à moi donc!

Parlons plutôt des mœurs et des usages du pays, et pour commencer, causons des naissances, des mariages et des décès, ou, pour être plus correct, des baptêmes, des cérémonies nuptiales et des enterrements.

Etablissons d'abord une ligne de démarcation entre la ville et la campagne. La ville c'est l'*intra-muros*, ni plus ni moins. La ligne des fortifications franchie, on tombe en pleine campagne; et là, les usages dits bretons subsistent encore en partie. Quant à la ville, tout s'y passe à peu près comme dans tous les centres tant soit peu importants de la France. Les nuances sont à peine saisissables, sauf une qui m'a crevé les yeux dès le premier jour, à propos des inhumations.

Dans ce pays aux libres allures, on assiste à un enterrement le chapeau sur la tête, les mains dans les poches et le cache-nez autour du cou. A moins de toucher de près à la famille du défunt, on arrive se joindre au convoi sans apprêts et sans cérémonie; on attend à la sortie de la maison les dépouilles du pauvre diable, en causant avec les amis de ses petites affaires, et quand le cortège funèbre se met en marche, on le suit, sans s'occuper des distances, de l'ordre, des hiérarchies... C'est bien ici que tous les hommes sont égaux... devant les morts. On fait l'effort de paraître un instant dans le temple religieux, et puis, tout doucement les rangs s'éclaircissent, le convoi se réduit insensiblement, et quand le défunt entre dans le cimetière, il n'a souvent pas quatre personnes pour lui tenir compagnie jusqu'à la fin. — De son vivant, il aurait eu à ses côtés toute la ville; une fois mort : *solus est.*

Les choses se passent bien mieux non seulement dans la campagne, mais aux portes mêmes de la ville. Là, les hommes groupés convenablement suivent le mort, recueillis, tête découverte et en silence, précédant de quelques pas le groupe des femmes qui, toutes vêtues de robes noires et de capeaux de deuil, se gardent bien de dire un mot, et tous ensemble ils escortent la bière jusqu'au bord de la fosse.

Je t'avoue que j'ai été vivement impressionné à la vue de ces enterrements de village, car la solennité de cette cérémonie provenait presque en entier de l'attitude des assistants.

Mais si ces bons campagnards sont sérieux et religieux dans ces tristes circonstances, ils sont en revanche fort amusants à voir à un retour de noce.

Avant de dire un mot du retour, mieux vaudrait parler de la noce elle-même. Bras dessus, bras dessous, hommes et femmes, garçons et filles, défilant deux par deux, suivent les nouveaux époux dans leurs courses et promenades diverses; ils ne les lâchent pas d'un moment : mairie, église, visites, ils les accompagnent partout. Ils les suivent encore, et c'est là un des tableaux les plus curieux à voir, lorsqu'ils vont chercher, chez les amis chargés de les préparer, les mets divers qui forment le dîner de noce.

Derrière le biniou qui ouvre la marche, défilent les cuisiniers et les cuisinières du moment, parés de larges tabliers de toile blanche qui garantissent les vêtements de toute souillure, les bras chargés de plats et de chaudrons quelquefois volumineux. Viennent ensuite les mariés, les parents et le restant des invités.

Le repas de noce est toujours suivi de danses, de rondes et de tous les exercices chorégraphiques usités dans la contrée. Puis, les nouveaux époux sont ramenés chez eux et... la noce finit par des chansons qui n'arrivent au jour qu'en passant par les étamines du cidre et des autres liquides. Hommes, femmes, enfants, tout le monde chante à la fois... Si les chœurs ne sont pas bons... ils n'en sont pas moins chantés de bon cœur. C'est l'essentiel.

Les baptêmes font tout autant de bruit... Mais ici c'est la cloche qui s'en charge. Le parrain qui tient un enfant sur les fonts baptismaux se garderait bien de ne pas faire sonner les cloches au moment où le cortége sort de l'église; et comme la sonnerie se prolonge d'autant plus que le sonneur a été mieux payé, les curieux savent immédiatement à quoi s'en tenir au sujet de l'étrenne donnée.

C'est sagement juger de la cause par les effets.

Rien de particulier à dire au sujet des bals qui fonctionnent régulièrement, hiver et été, dans la banlieue. On trouve dans ces réunions un tel mélange de gens de toute espèce que l'élément breton disparaît. Militaires, marins et ouvriers du port d'une part; de l'autre, bonnes, cuisinières et paysannes, tels sont les individus qui les fréquentent avec le plus d'assiduité.

Ce qu'il y a de plus breton, c'est l'influence du cidre... Mais la danseuse ne s'émeut pas facilement quand son cavalier perd l'équilibre et cherche un coin hospitalier.... Quand il le faut, elle n'hésite pas à lui soutenir le front. Touchante sollicitude! et la danseuse a raison.... Quinze fois sur vingt, le mariage consacre cet échange de bons procédés.

La jeune fille hésite d'autant moins à devenir la *bonne amie* d'un jeune homme que celui-ci est matelot; quand il est quartier-maître, elle n'en dort pas de joie, mais si par bonheur c'est un maître... rien ne peut dépeindre sa félicité.

Que lui importe que peu de jours après son mariage son époux soit embarqué pour une expédition qui peut durer des années... N'aura-t-elle pas la délégation qu'elle touchera régulièrement tous les trimestres? et puis, quand il aura fini son temps, ne sera-t-il pas reçu facilement comme ouvrier du port?

Dernières nouvelles.

⁂ On me remet l'*Annuaire de Lorient et de son arrondissement pour* 1867. Bien plus complet que l'année dernière, ce Guide peut être consulté avec fruit. Permets-moi de t'offrir cet exemplaire; ce sera mon cadeau du jour de l'an.

Tu constateras, si tu as conservé celui de l'année dernière, que si les écoles ne sont pas plus nombreuses qu'avant, en revanche les débits de boissons ont considérablement augmenté.

Heureux ivrognes!

⁂ Le *Journal Amusant* de la localité continue à couvrir de son corps les tables des cafés et des auberges. Est-il aussi spirituel que son auteur veut bien le dire?.........................

Et là-dessus, je te serre les deux mains bien cordialement.

P. S. — Evénement inattendu, mon cher ami. Au moment où je pliais cette lettre en quatre, m'apprêtant à la mettre sous enveloppe, mon oncle est entré dans ma chambre et m'a dit ces mots : va préparer ta malle, mon cher Lucien, et cours faire tes visites d'adieu ; nous partons demain.

— Demain ? et où allons-nous ?

— A Nice, m'a-t-il répondu. Après vingt ans de séjour dans cette ville, je m'aperçois que le climat est contraire à ma santé... La pluie continuelle de ces derniers mois ravive mes douleurs, il me faut du soleil ; je cours en chercher. M'abandonneras-tu dans ce nouveau voyage et me laisseras-tu aller seul dans une ville que je n'ai vue autrefois qu'en passant.

Qu'aurais-tu fait à ma place, mon très-cher ?

Probablement ce que j'ai fait moi-même. Je me suis donc levé pour commencer mes préparatifs de voyage, et maintenant que ma malle est sanglée et que mon sac de nuit n'attend plus qu'un tour de serrure, je reviens à ma lettre pour te dire un dernier adieu... daté de Lorient.

Demain matin, à cinq heures, le sifflet de la locomotive retentira, et la machine m'entraînera vers le midi.

Ainsi se trouvera terminée cette série de lettres lorientaises.

En commencerai-je jamais une nouvelle? Il est permis d'en douter.

Mais ce que je ne saurais redire assez, c'est que les quelques mois que j'ai passés dans cette ville ne me laisseront que d'agréables souvenirs, et que c'est avec bonheur qu'un jour je chercherai à la revoir.

FIN.

TYPOGRAPHIE CH. OBERTHUR ET FILS, A RENNES,
M[on] à Paris, rue des Blancs-Manteaux, 35.

www.ingramcontent.com/pod-product-compliance
Ingram Content Group UK Ltd.
Pitfield, Milton Keynes, MK11 3LW, UK
UKHW021046230726
13926UKWH00004B/1687

9 782014 456998